Le pétrole en France

Questions contemporaines

Collection dirigée par B. Péquignot, D. Rolland et Jean-Paul Chagnollaud

Chômage, exclusion, globalisation… Jamais les « questions contemporaines » n'ont été aussi nombreuses et aussi complexes à appréhender. Le pari de la collection « Questions contemporaines » est d'offrir un espace de réflexion et de débat à tous ceux, chercheurs, militants ou praticiens, qui osent penser autrement, exprimer des idées neuves et ouvrir de nouvelles pistes à la réflexion collective.

Dernières parutions

Herbert GESCHWIND, *Le rôle des soins palliatifs, nouvelle édition,* 2013.
Sébastien de DIESBACH, *La révolution impossible. Mes années avec* Socialisme ou Barbarie, 2013.
Jacob ETIENNE, *Protection rapprochée et sécurité entreprise. Des nouvelles normes à l'international*, 2013.
Jacques ARNOL-STEPHAN, *Entreprendre dans un monde en mutation*, 2013.
Françoise HAY, Christian MILELLI, Yunnan SHI, avec la collaboration de Joëlle LE GOFF, *Faut-il encore investir en Chine ? Opportunités, risques et logiques économiques*, 2013.
Andreea ZAMFIRA, *Une sociologie électorale des communautés pluriethniques*, 2012.
Eric LAFOND et Vincent BELEY, *Emploi, ne pas renoncer*, 2012.
Geneviève GUILPAIN, *Les célibataires, des femmes singulières. Le célibat féminin en France (XVIIe-XXIe siècle),* 2012.
François DI SALVO, *La Grèce à l'heure du décrochage européen*, 2012.
Grégory CARTEAUX, *Eva Joly et les affaires financières. Analyse du discours télévisuel*, 2012.
Alain CHEVARIN, *Fascinant/Fascisant. Une esthétique d'extrême droite*, 2013.
Marcelo BIDINOST, *La ville comme paysage du sentiment, Le sentiment urbain à Buenos Aires aux XIXe et XXe siècles*, 2012.

Jean-Marie BOUGUEN

Le pétrole en France

Genèse et stratégies d'influence
(1917–1924)

L'HARMATTAN

Du même auteur :
Carnets de campagne. Dans les coulisses d'Europe Ecologie (Les Petits Matins, 2010).

5-7, rue de l'École-Polytechnique ; 75005 Paris

http://www.librairieharmattan.com
diffusion.harmattan@wanadoo.fr
harmattan1@wanadoo.fr

ISBN : 978-2-336-29195-6
EAN : 9782336291956

*Cet ouvrage a bénéficié des conseils précieux
et des soutiens inestimables d'Amy Dahan-Dalmedico,
directrice de recherche émérite au CNRS
et d'Alain Beltran, directeur de recherche au CNRS.*

Qu'ils en soient ici chaudement remerciés.

Pour mes grands-parents,
Mes parents,
Mes frères,
Mes proches,
et pour Isabelle,
sans qui ce livre ne serait pas là.

Sommaire

Sommaire 11
Face à la crise, une politique pétrolière à inventer...... 14
Une ressource pas comme les autres 15

Première partie
L'intervention de l'État au soir de la Guerre 23
La réquisition pour réguler les besoins pendant la guerre 25
La traduction institutionnelle de l'intervention de l'Etat 40
La création du consortium et du Commissariat général aux Essences et Combustibles.................................... 41
Une bataille de légitimité emportée par l'Etat 55

Deuxième partie
Les décideurs face à l'influence des lobbies du pétrole 59
Des groupes de pression constitués............................ 61
La riposte des intérêts pétroliers 73
Les groupes de pression au cœur du débat.................. 98

Troisième partie
La naissance de la Compagnie Française des Pétroles 101
L'expérience du pétrole à l'étranger 104
Des expériences différentes et interdépendantes....... 113
Les débats d'hémicycles, de 1920 à 1924 114

Conclusion Le plus petit dénominateur commun 137

Sources et bibliographie 143

Annexes 147
Lexique.. 147
Repères chronologiques 150

Table des matières... 155

INTRODUCTION
BÉRENGER, PÈRE DE LA POLITIQUE PÉTROLIÈRE EN FRANCE

Au point de vue militaire, le manque d'essence signifie l'arrêt des transports sur routes et de l'artillerie de campagne à traction automobile, la suppression de notre aviation, c'est-à-dire la paralysie de notre armée[1].

En ce 12 décembre 1917, les mots d'Henry Bérenger résonnent dans les têtes d'un parterre de sénateurs paniqués. Car l'épuisement total des stocks, autrement dit la défaite, est prévu, dans le meilleur des cas, pour le 1er mars 1918. Après avoir tiré plusieurs fois la sonnette d'alarme, Bérenger est enfin entendu. Un télégramme de Clemenceau part peu après, demandant au président Woodrow Wilson « de faire l'acte d'autorité gouvernementale nécessaire pour obtenir la mise en marche immédiate de ces 100 000 tonnes de bateaux-citernes sur les ports français[2] ». Celui-là même qui, quelques années plus tôt, ironisait – « lorsque j'ai besoin d'huile, je vais chez mon épicier » - conclut par une formule sans équivoque : « si les alliés ne veulent pas perdre la guerre, il faut que la France combattante, à l'heure du suprême choc germanique, possède

---

1 Premier rapport fait à la commission sénatoriale de l'armée sur le ravitaillement de la France en pétrole et en essences. Henry BÉRENGER, *Le Pétrole et la France*, Paris, Flammarion, 1920, p.41.

2 Note du président Clemenceau pour le président Wilson, le 15 décembre 1917. *Ibid.*, p.60.

l'essence aussi nécessaire que le sang dans les batailles de demain ». Le pétrole quittait dès ce moment, dans l'Hexagone, la sphère de « l'épicerie privée » pour devenir denrée stratégique, relevant de la sécurité de la Nation – le nouveau sang de la guerre.

Si le geste américain est chaudement salué, il est hors de question que la situation se renouvelle. L'état-major français prend conscience de l'étendue du retard que le pays a pris dans la ruée vers l'Or Noir. La mécanisation faisant exploser les besoins, aucune grande puissance n'est absente de cette course. Aucune, hormis la France.

Face à la crise, une politique pétrolière à inventer

Le sursaut des consciences provoqué par la crise de l'hiver 1917 amène Clemenceau à envisager une politique pétrolière rapide et efficace. Bérenger est nommé commissaire aux essences et aux combustibles. Son rôle est d'assurer le ravitaillement de la France, des colonies et protectorats en essences, huiles lourdes et autres produits pétrolifères combustibles. En novembre 1918, il est chargé de négocier avec les alliés l'organisation d'une politique pétrolifère européenne. Il pénètre alors un univers où gravitent des entreprises privées, des Etats et plusieurs personnages, indépendants et influents.

La France entre sur le terrain pétrolier progressivement. L'un des grands enjeux consiste à créer une société capable de construire et conduire une politique pétrolière nationale, qui lui permette de reprendre son autonomie à l'égard des grandes firmes que sont la Shell et la Standard Oil. Dès lors, la question est posée : faut-il, dans le prolongement de la période de la guerre, instaurer un monopole, absolu ou partiel, une régie intéressée (avec ou sans participation de l'Etat), ou rendre au marché sa liberté, comme le demandent les raffineurs ? Les réactions ne se font pas attendre. Car le débat entre interventionnisme et libéralisme fait rage depuis le début du siècle, et l'un et l'autre ont leurs partisans. Les pétroliers américains vont jusqu'à se déplacer pour influer sur cette politique naissante et Bérenger, partisan de l'intervention de l'Etat, multiplie les rencontres avec les chefs du consortium français. L'enjeu, en termes financiers et de pouvoir, fait que chacune des parties mobilise à plein ses ressources d'influence.

Le débat semble ne jamais devoir trouver d'issue car ni le gouvernement, ni le Parlement, n'osent s'engager et prendre le risque de subir les représailles d'une Standard Oil toute-puissante. Finalement, il apparaît que la solution du consortium sera la plus à même de protéger les intérêts du pays face aux trusts étrangers. L'idée finit par s'imposer : c'est quasiment sans débat que la création de la Compagnie Française des Pétroles (CFP), contrôlée par l'Etat, mais à capital privé, est actée le 11 avril 1924. Premier jour de l'indépendance pétrolière, théorique, de la France.

Une ressource pas comme les autres

Le débat mobilise une kyrielle d'acteurs et de moyens, préfigurant la relation triangulaire ambiguë entre Etats producteurs, Etats consommateurs et compagnies pétrolières. Cette relation tendue n'est bien sûr pas propre au cas français, mais ce dernier peut en être un bon exemple. La spécificité du produit pétrolier y est pour beaucoup. L'Or Noir est non seulement le nerf de la guerre, mais aussi, et de plus en plus, une denrée sur laquelle l'économie va reposer dans sa totalité.

Décrypter les débats et jeux d'influence qui eurent lieu autour de la création de la CFP permet d'esquisser les structures de pensée et les réseaux d'influence qui ont joué dans une société confrontée à une révolution technique profonde. Alors que l'Etat s'est aujourd'hui entièrement retiré de la CFP, devenue Groupe Total, de plus en plus de pays nationalisent leurs hydrocarbures. En mai 2006, Andres Soliz, le ministre bolivien des hydrocarbures, annonce que la nationalisation est « irréversible », confirmant les annonces du président Evo Morales. Au Pérou, la nationalisation des « secteurs stratégiques » du pays, à commencer par les mines et hydrocarbures, est au cœur du programme d'Ollanta Humala, élu Président de la République en juillet 2011. Depuis avril 2007, en Russie, la Douma recentralise son contrôle et pose de sérieuses restrictions aux investisseurs étrangers dans l'accès à leurs ressources. La même année, le 1er mai, au Venezuela, la Compagnie d'Etat PDVSA reprend le contrôle des riches champs pétrolifères de l'Orénoque sous l'impulsion du président Hugo Chavez. En Afrique Centrale comme ailleurs, les contrats de concessions cèdent la place aux contrats de partage de production : les Etats participent de plus en plus au capital des sociétés. En Côte d'Ivoire, la société d'Etat Petroci a longtemps multiplié les rachats de concurrents. En Centrafrique, le général Bozizé a entrepris une rapide nationalisation du secteur pétrolier en revenant sur les lois qui libéralisaient le secteur et privatisaient les activités. Au Canada, des voix s'élèvent pour demander une nationalisation de l'industrie pétrolière. Début mai 2012, l'Argentine a nationalisé son pétrole en expropriant par la loi à hauteur de 51% Repsol de sa filiale YPF. Petrochina, filiale de la société d'Etat China

National Petroleum Corporation (CNPC) devance la Shell en capitalisation boursière. L'Inde, le Brésil, la Malaisie renforcent de même le rôle de l'Etat dans leurs politiques pétrolières à mesure que leurs besoins explosent en raison de fortes croissances. Ces Compagnies Pétrolières Nationales (CPN) disposent aujourd'hui de la grande majorité des réserves[3]. Nous assistons donc aujourd'hui à un puissant retour en force de l'Etat, qui s'était effacé ces vingt dernières années.

De plus, les gouvernements et multinationales savent que chaque baril consommé aujourd'hui nous rapproche du *Peak Oil*, moment où les courbes de l'offre et de la demande se croiseront pour conduire à une augmentation irréversible du prix du baril. Le moment de ce pic fait débat, mais sa réalité est indiscutable. Les Etats envisagent leur approvisionnement sur le très long terme et ne peuvent ignorer ce paramètre, facteur supplémentaire de tension avec les compagnies privées.

Ce sujet est donc d'une actualité brûlante, bien que la situation soit radicalement différente. Durant l'entre-deux-guerres, la France doit mobiliser des ressources considérables en termes d'investissements, pour l'exploration, la création de pipe-lines, la modernisation des raffineries et la création d'une flotte pétrolière. Les entreprises privées françaises ne peuvent, seules, assumer ces efforts. Ensuite, la mal nommée « Der des Der » est encore proche et le temps de guerre donne au pétrole une dimension particulière. La loyauté des firmes se pose :

---

[3] Dix CPN disposent aujourd'hui de 53% des réserves mondiales. Les majors ne sont plus composées que d'ExxonMobil, Royal Dutch Shell, BP, Total et Chevron. Elles contrôlent environ 9% des gisements. Source : Jean-Pierre SÉRÉNI, « Les Etats s'emparent de l'arme pétrolière », *Le Monde diplomatique*, mars 2007.

peut-on compter sur une entreprise, et donc lui confier un secteur stratégique en ces temps troublés, ou les dirigeants profitent-ils des guerres pour s'enrichir ? C'est dans ce contexte complexe qu'Ernest Mercier instaure et prend la première présidence, en 1924, de la Compagnie Française des Pétroles.

Alors que le débat semblait opposer deux parties inconciliables, une solution médiane s'est imposée, presque sans provoquer de contestation. Comment une telle issue a-t-elle été possible ? C'est le cœur de l'intrigue : les raffineurs français, alliés au trust le plus puissant, la Standard Oil et à la première banque d'affaires européenne, la Banque de Paris, souhaitaient un retour au libre marché après la guerre, sans contrôle de l'Etat. Dès lors, comment la CFP a-t-elle pu voir le jour ? Il semble que cette solution se soit imposée au bout de nombreuses années, dans la mesure où les parties impliquées n'auraient accepté aucune autre forme institutionnelle : ni monopole, partiel ou absolu, pour les pétroliers, ni liberté totale pour les politiques, l'hiver de 1917 ayant laissé des traces dans les esprits. La « troisième voie » que constitue la création de la CFP serait donc issue de l'épuisement du débat, un épuisement né de la confrontation de stratégies d'influences.

Difficile de savoir où commence l'histoire de la naissance de la politique du pétrole en France. Le 14 février 1891, qui voit le député Viette formuler un vœu tendant à supprimer le commerce libre du pétrole, peut être une bonne date de départ. Il semble aussi ardu de cerner le moment où cette politique se serait « normalisée ». Mais c'est de toute évidence la crise de l'hiver 1917 qui marque le début de cette controverse, moment où elle quitte la sphère confidentielle des initiés, pour sensibiliser un public plus large. La création de la C.F.P., en 1924, est une forme d'aboutissement, un dénouement après plus de vingt ans de débat. Pour autant, à l'échelle de la politique pétrolière en France, ce n'est qu'une étape, l'une des premières. Les quelques années qui suivent, dont l'étude dépasse le cadre de cet ouvrage, vont déterminer la politique pétrolière française pour des décennies. En 1924, donc, il n'y a ni gagnant, ni perdant. Les partisans d'un monopole d'Etat se félicitent de la création d'un outil permettant de mener une politique autonome. Les défenseurs du libre marché voient une structure affaiblie par un lobbying efficace avant même d'être créée, et contrôlée en partie par des intérêts qui lui sont défavorables.

L'Etat s'est imposé dans le contrôle, puis la gestion de cette ressource, à un moment où l'interventionnisme n'avait pas bonne presse. Face à l'incapacité des raffineurs français à approvisionner suffisamment l'armée et la population civile, l'Etat déploie ses armes pour répondre à la crise : diplomatie, réquisition et création d'organismes d'Etat. Il entre dans le jeu international des alliances avec l'accord Sykes-Picot, reprend la main sur l'hydrocarbure et crée des organismes d'Etat. Cette période marque la prise de conscience de l'importance de la ressource pétrolière, de la complexité de la course internationale pour l'acquisition de terrains pétrolifères et marque le début de l'affrontement réel entre partisans d'une intervention de l'Etat et défenseurs de la liberté de marché.

De leur côté, les multiples promoteurs d'une compagnie entièrement privée, ou d'un retour au libre marché, sont parvenus à influencer le débat. La recherche sur les groupes d'intérêts apparaît justement avant la première guerre et se développe dans l'entre-deux-guerres. Le « lobbying » est alors une pratique récente en France, déjà plus éprouvée aux Etats-Unis. Les organisations patronales, les banques d'affaires et la Standard Oil emploient différents moyens de pression pour influer sur la décision politique : menaces, utilisation de réseaux et médias. Avant 1920, le gouvernement doit faire face à une « guerre froide » contre la Standard : les relations sont tendues, mais les affrontements directs restent rares. Après 1920, c'est une guerre ouverte.

La résolution de cet affrontement se jouera au sein de la Chambre des députés. Les quatre options sont présentées : le retour au libre marché, le monopole absolu, le monopole partiel et la régie intéressée. Les Etats-Unis, la Grande-Bretagne, l'Allemagne ou encore l'Espagne ont toutes des expériences différentes de la politique du pétrole. La France va créer le sien : la création de cette C.F.P. s'est imposée dans l'hémicycle au terme d'un véritable marathon législatif. Par conséquent, la consultation du Journal Officiel de l'époque est une source indispensable pour étudier les débats. *La Revue Pétrolifère*[4] est aussi riche de détails sur l'ensemble de la question.

Les ouvrages au cœur de cette étude ne sont pas légion. Les travaux qui ont traité du sujet du pétrole en France durant et après la première guerre insistent sur la crise de 1917 et la construction de la politique pétrolière à l'échelon international. En revanche, aucun travail, semble-t-il, n'avait formellement détaillé les stratégies d'influence de l'ensemble des acteurs qui ont joué durant tout l'entre-deux-guerres pour influer sur la forme que devait prendre la C.F.P. L'exercice consiste donc à comprendre quels sont les intérêts des acteurs qui se mobilisent, par exemple au moyen d'enquêtes biographiques, quels sont les groupements d'intérêt qui sont à l'œuvre, quels sont les médias relais et quels sont leurs impacts.

---

4 Il est possible de les consulter à l'Institut Français du Pétrole (IFP).

Divers ouvrages de notre bibliographie portent sur les groupes de pression. Il faut souligner en particulier la richesse du travail collectif réalisé sous la direction de Jean Garrigues[5], particulièrement utile. Il existe encore peu de monographies de groupes de pression durant l'entre-deux-guerres en France. Celle de *l'Union des Intérêts Economiques*, notamment, mériterait d'être examinée de très près. De même, le livre de Marguerat[6] est éclairant sur le rôle crucial joué par les grandes banques d'affaires, à commencer par la puissante future Paribas.

Enfin, le recueil de textes (projets de loi, discours, articles de presse, notes...) fourni par Bérenger, *Le Pétrole et la France*, et le travail de Pierre L'Espagnol de la Tramerye, *La lutte mondiale pour le pétrole*, méritent une comparaison. Les deux ouvrages sont publiés à quelques mois d'écart : le premier en 1920, le second en 1921. Pourtant, un abîme les sépare : Bérenger est impliqué et même en première ligne, les textes sont donc à consulter comme des sources, avec toutes les précautions qui s'imposent sur son positionnement. Le second auteur, au contraire, bien que contemporain de la période qu'il étudie, fait preuve d'un recul que les écrits postérieurs ne lui ont pas contesté. Il tient donc au contraire de la bibliographie.

---

5 J. GARRIGUES (dir.), *Les Groupes de pression dans la vie politique contemporaine en France et aux Etats-Unis de 1820 à nos jours*, Rennes, PUR, coll. Carnot, 2002.

6 Philippe MARGUERAT, *Banque et investissement industriel. Paribas, le pétrole roumain et la politique française, 1919-1939*, Faculté des Lettres de Neuchâtel, 1987.

Cette histoire est impossible à retracer sans marcher dans les pas d'Henry Bérenger qui, pour avoir perçu à un moment crucial la nécessité d'un contrôle gouvernemental sur une ressource stratégique, puis pour avoir porté jusqu'au bout l'enjeu d'une société pétrolière nationale, mérite d'être considéré comme le père de la politique du pétrole en France.

Première partie
L'intervention de l'État au soir de la Guerre

Pendant des années, la France laisse les autres puissances se disputer la ruée vers l'Or Noir. L'avènement de la Grande Guerre change la donne. Durant l'hiver 1917, l'Assemblée des Sages réagit et crée consortium et organismes d'Etat. L'ingérence de l'Etat sur ce marché, bien comprise en période troublée, n'est tolérée qu'à condition d'être temporaire. La révolution russe inquiète, l'Etat dérange. Le pays multiplie les négociations avec l'Angleterre et, par-là, prend part au conflit qui déchire les deux *majors* du pétrole. La ressource fossile a changé de statut. Elle émerge comme une denrée stratégique et intéresse les plus hautes sphères du pouvoir en France, car dorénavant la sécurité et l'avenir du pays en dépendent. La guerre va révéler l'absence de tissu industriel français, l'ombre des trusts sur une indépendance nationale plus que relative et la légitimité de l'Etat, qui peut, voire doit, intervenir sur ce secteur, va s'imposer.

La réquisition pour réguler les besoins pendant la guerre

Afin de gérer la pénurie critique durant la guerre, l'Etat choisit la voie de la réquisition pour administrer les ressources en hydrocarbures. Dans ce dessein, il crée des organismes d'Etat qui veillent aux arbitrages stratégiques. Avec un certain succès.

Les moyens d'intervention de l'Etat : la loi, l'argent et la diplomatie

Pour intervenir dans le secteur pétrolier, l'Etat dispose de trois moyens d'ingérence : la loi, l'argent et la diplomatie. La nature de l'intervention de l'Etat est donc protéiforme et ne peut se limiter à la présentation dichotomique « interventionnisme ou liberté ». Progressivement, l'Etat va mobiliser ces trois leviers pour gagner en influence sur cette politique énergétique.

La loi permet à l'Etat de poser les règles du jeu. Aux Etats-Unis, par exemple, la Standard Oil en a fait les frais avec la loi « anti-trusts ». Plus spécifiquement, la loi définit les dispositions particulières qui portent sur les liquides, combustibles ou les mines[7]. En France, le Code minier n'apparaît qu'en 1956. Au cours de la période qui nous intéresse, c'est la Loi fondamentale sur les mines du 21 avril 1810 qui s'applique, ainsi que les lois et décrets pris par la suite. L'Etat dispose de la gestion des sous-sols miniers et délivre des « titres miniers » sous la forme de concessions ou permis d'exploitation. Ces titres sont attribués par décret en Conseil d'État après une longue procédure - souvent plusieurs années. Ils donnent un droit d'exclusivité au titulaire pour la recherche et l'exploitation de pétrole dans un périmètre défini par le décret. À l'origine attribués à perpétuité, leur durée est limitée à partir de 1919. Le titre peut être cédé sous réserve de la validation de l'autorité concédante et ce, dès 1911. Il peut aussi être loué sous forme d'une « amodiation » (location d'un droit d'exploitation), qui doit également être autorisée par l'autorité concédante. Ce régime de concessions et droits d'exploitation donne du pouvoir à l'Etat sur les compagnies : ce qu'il a donné, il peut le reprendre. Il peut aussi imposer aux firmes des obligations, pour préserver l'équilibre entre le

[7] Par « mine », le législateur entend l'extraction de matériaux, à ciel ouvert ou en sous-sol, de type combustibles (pétrole, charbon, gaz), métaux (cuivre, fer), ainsi que quelques autres matières comme le sel et le soufre. Les autres exploitations sont des « carrières ».

marché (relation offre-demande), la mission de service public et la protection du consommateur. Cette législation, qui tient jusqu'en 1919, et notamment la loi de 1903 qui supprime la protection du raffinage, est à l'origine de l'abandon du raffinage proprement dit en France. Elle fit dire à l'un des grands raffineurs, Emile Deutsch de la Meurthe : « le plus grand malheur qui pourra arriver, c'est de découvrir du pétrole en France », indiquant par-là la responsabilité de l'Etat dans ce déficit d'initiative privée.

La réquisition est un autre recours, très agressif et particulièrement efficace. L'Etat s'ingère dans la gestion des entreprises en contrôlant leurs transactions, leurs stocks, allant jusqu'à leur mise sous tutelle. Dans le cas qui nous intéresse, cette ingérence prend la forme du Consortium pétrolier. Bien que mal perçue par le monde des affaires, l'intervention financière de l'Etat est une arme puissante : ce dernier n'a aucun problème pour emprunter et dispose de ressources importantes. Le seul risque est de voir l'Etat s'effondrer et l'industrie avec : c'est l'exemple suivi par l'Union des Républiques Socialistes Soviétiques (URSS). Dans le cas de la France, l'Etat finit par participer financièrement au capital de la Compagnie Française des Pétroles.

La diplomatie est une arme quasi exclusive de l'Etat. Elle lui permet de solliciter des appuis exceptionnels des autres puissances[8], de négocier des parts dans des compagnies transnationales[9], et de participer à des organes de concertation

[8] C'est l'exemple du télégramme de Clemenceau à Wilson évoqué en introduction.

[9] Ce qui est le cas lorsque le gouvernement, au lendemain de la guerre, récupère les parts de la Deutsche Bank dans la Turkish Petroleum Company.

internationaux, comme la Conférence interalliée sur le pétrole à la fin de la Guerre. « Quasi exclusive », car l'exemple des Etats-Unis montre que lorsqu'une grande compagnie – la Standard Oil – organise en 1917 un syndicat pétrolier à l'échelle du pays, le *Petroleum Committee*, elle est en mesure de disposer d'un organe diplomatique puissant, si elle sait travailler avec le gouvernement de son pays d'origine et se placer sous son égide.

Loi, réquisition, diplomatie, ressources financières : autant de cartes qui sont dans les mains du gouvernement quand éclate la crise de l'hiver 1917.

L'hiver 1917 : au cœur de la crise

L'ampleur des besoins en énergie n'est pas prise en compte par l'armée au début de la première guerre mondiale. La raison ? La guerre sera courte, du moins le croit-on. Tandis que le conflit s'enlise dans les tranchées, que les stocks se vident dans les hangars, les Français se tournent vers leurs fournisseurs alliés pour s'assurer de l'arrivée des précieux barils. Car le pétrole sert non seulement à se déplacer, mais aussi à fabriquer des poudres, des explosifs. Or, la situation s'aggrave. Les Etats-Unis, qui viennent d'entrer en scène, font désormais appel à leurs pétroliers, privant la France d'un tonnage capital. En outre, l'Allemagne déclare la guerre sous-marine totale. Et les pétroliers rechignent à s'approcher des côtes de l'Hexagone, préférant transiter par le Pacifique, trajet plus long, mais plus sûr.

Aux premiers jours de la guerre, l'Etat opère une réquisition totale. Il se trouve face à une administration incapable de gérer efficacement les ravitaillements. Il choisit donc de passer contrat avec le Cartel des Dix, oligopole qui recouvre les dix maisons détenant le marché sur le territoire[10]. Le 2 septembre 1914, chacune paraphe un document stipulant qu'elle conserve son autonomie, sous réserve de faire bénéficier la collectivité de ses produits, et de donner priorité aux services publics. Éviter qu'un consortium soit piloté par l'Etat permet surtout d'obtenir des approvisionnements en France. Car le pétrole est « contrebande de guerre », aussi aucun pays neutre ne peut fournir un Etat belligérant ; cependant, il peut fournir la population civile[11]. Malgré cela, les difficultés d'approvisionnement vont croissant jusqu'à l'explosion de la crise en 1917. De leur côté, les importateurs de pétrole bondissent dès qu'ils entendent le gouvernement parler de réquisition. Ils prétendent pouvoir assurer seuls les besoins de l'armée française. C'est sans compter sur la fermeture des Détroits, bloquant le pétrole roumain et le pétrole russe, dès l'automne 1914. Sans compter non plus les difficultés posées par la guerre sous-marine totale pour les pétroliers américains. Sans compter, enfin, l'entrée en guerre des Etats-Unis, qui ont besoin d'approvisionner leur propre armée. Le libre marché ne peut donc répondre aux attentes civiles et militaires du pays.

Déjà, le 14 juin 1917, le sénateur Henri Bérenger attire l'attention du gouvernement dans l'exposé des motifs d'une proposition de loi. Selon lui, la France doit se doter d'une politique du combustible : pétrole et charbon. Il prévient par

---

[10] Les dix Maisons sont : Fenaille & Despeaux, Desmarais, les fils d'A. Deutsch, la Compagnie industrielle des pétroles, la Raffinerie du Midi, Lille-Bonnières-Colombes, Paix & Cie, Lesieur & Fils, la Compagnie générale des pétroles et la Raffinerie de pétrole du Nord.

[11] Edgar-Faure, *Le Pétrole dans la paix et dans la guerre*, Paris, Editions de la Nouvelle Revue Critique, 1939, p.71.

ailleurs que l'approvisionnement français dépend « entièrement de la bonne volonté des alliés[12] ».

> *Au milieu de cette course au pétrole qui fut une des caractéristiques de la politique mondiale des années d'avant-guerre, la France restait ignorante et comme à l'écart de la question. Endormie dans sa prospérité pacifique, profitant de la richesse agricole de son sol, se laissant vivre à la douceur de son climat, ravitaillée de tout ce dont elle avait besoin par des étrangers, elle ne prévoyait rien*[13] .

A ce moment, les chiffres des besoins de la France communiqués à Bérenger sont de 50 000 tonnes d'essence par mois, dont 30 000 pour les armées et 20 000 pour la population civile, contre des quantités importées qui s'élèvent péniblement à 30 000 tonnes par mois. Le gouvernement doit donc réagir afin de sortir de « la crise d'essence et de combustible que traverse depuis six mois la France en guerre et dont elle n'est pas encore sortie à l'heure où [il] dépose sur le bureau du Sénat le présent projet de résolution[14] ». Il observe que ce n'est pas « une crise de production, mais simplement une crise de transport[15] ». Déjà, il envisage une politique industrielle nationale dans son ensemble. Il propose de développer les importations, les recherches minières, d'entrer dans les concessions internationales et de créer « un outillage national

---

12 « La France et la politique du pétrole », proposition de loi au Sénat d'Henry BÉRENGER, le 14 juin 1917. BÉRENGER, *op. cit.*, p.20.

13 *Ibid.*, p. 21.

14 *Ibid.*, p.22.

15 *Ibid.*

de transport et de manipulation du pétrole sous toutes ses formes[16] ». Il attire en particulier l'attention sur l'adaptation des ports à effectuer pour recevoir les pétroliers de grand tonnage – 10 000 à 15 000 tonnes. Ces propositions forment les prémisses de la réflexion que la France doit avoir sur sa politique pétrolière. De manière plus immédiate, pragmatique et géopolitique, Bérenger exhorte le gouvernement à répondre d'urgence au besoin de déchargement rapide des ports et propose une conférence interalliée pour distribuer les produits pétroliers à travers le monde. Il conseille également d'acquérir d'urgence 50 000 à 60 000 tonnes de bateaux-réservoirs, parmi ceux en construction aux Etats-Unis. Il demande enfin, et c'est l'objet de la proposition de loi, la création d'un comité interministériel, analogue au *Pooling of Petrol* anglais.

Il est exaucé rapidement et prononce l'allocution inaugurale du Comité Général du Pétrole (institué le 14 juillet) le 22 août 1917, qu'il est chargé de présider.

> *La question du pétrole, moins que jamais, ne saurait être restreinte à une simple question d'épicerie privée. Elle devient, chaque jour davantage, une question d'utilité nationale. Elle s'élargit même, de plus en plus, jusqu'à une question de politique internationale*[17].

La création de ce Comité, outre son intérêt pragmatique, est symbolique. L'Etat, jusqu'ici, adoptait une démarche libérale. Avec la création de ce Comité, le président du Conseil adresse un message clair au Cartel : le pétrole regarde l'Etat, et l'Etat va

---

16 *Ibid.*

17 Allocution inaugurale du Comité Général du Pétrole, le 22 août 1917. *Ibid.*, p.35.

désormais s'y intéresser activement. Outre un premier travail nécessaire d'inventaire, le Comité est chargé « de l'examen des questions concernant la production, les exploitations, les commerces et industries des essences, des pétroles, des huiles lourdes et autres produits pétrolifères et combustibles liquides de toute nature[18] ». Dans sa composition, élus, raffineurs, ingénieurs et hauts cadres de l'administration s'y côtoient.

Il convient d'apporter une nuance à la célérité de cette décision. Le gouvernement Clemenceau compte 14 ministres, 14 sous-secrétaires d'Etat, 7 commissaires, commissaires généraux, hauts-commissaires, et les directions et sous-directions se sont multipliées. Au début de la guerre, le premier Ministère de Viviani comptait 12 ministres, mais seulement 5 sous-secrétaires d'Etat, chiffre qui n'a cessé d'augmenter, à mesure que l'Etat s'ingérait dans la vie quotidienne. Cette « exubérance de l'Etat » atteint son summum avec l'inflation de commissions et comités, au nombre de 281, pour les principaux, en février 1918[19]. Créer un comité n'a donc en soi rien d'exceptionnel. Tout dépend de l'importance que le président du Conseil lui accorde par la suite.

Bérenger rencontre Clemenceau le 14 décembre, qui semble découvrir l'ampleur et la gravité du problème. Selon les estimations, au 1er mars, et selon une hypothèse optimiste, les stocks seront intégralement épuisés, l'armée paralysée, la

---

18 Décret ministériel du 13 juillet 1917. *Ibid.*, p.35.

19 Fabienne BOCK, « L'exubérance de l'Etat en France de 1914 à 1918 », in *XXe Siècle*, juillet 1984. Citée par Jean-Jacques Becker et Serge Berstein : Jean-Jacques BECKER et Serge BERSTEIN, *Nouvelle histoire de la France contemporaine, tome 12 - Victoire et frustrations (1914–1929)*, Paris, Éd. du Seuil, coll. « Points Histoire », 1990, p.71.

guerre perdue. Optimiste, car la situation modélisée ne tient pas compte des retards de navigation ou des accidents et les prévisions de consommation sont évaluées selon la fourchette basse. Enfin, les stocks ne permettront pas de faire face à un affrontement comme celui de Verdun plus de trois jours.

Pour Clemenceau, les mauvaises nouvelles pleuvent : ne pouvant bientôt plus compter ni sur la Russie, ni sur la Roumanie, qui vient de capituler 5 jours plus tôt, il constate en plus l'infériorité numérique des alliés face aux divisions allemandes sur le front. Dans l'état-major, beaucoup parlent de la possibilité d'une défaite imminente. Le Tigre ne veut pas en entendre parler : « je continue de faire la guerre, et je continuerai jusqu'au dernier quart d'heure, car c'est nous qui aurons le dernier quart d'heure ! », tonne-t-il, le 8 mars. En réalité, lui-même s'interroge. « Il faut vraiment avoir l'âme fortement chevillée pour avoir encore confiance », confie-t-il à son chef de cabinet militaire, le général Mordacq, quelques jours plus tard. Il lui reste pourtant un atout de taille : les chars. Les Allemands, n'ayant pas cru à cette nouvelle arme, n'en comptent que 40, contre plus de 3 000 du côté allié. Encore doivent-ils se déplacer ! Clemenceau demande donc en détail les mesures de restrictions à prendre pour, notamment, ne pas hypothéquer cet avantage, et envoie dès le lendemain un message au président Wilson pour lui demander un tonnage supplémentaire.

> *Le président Clemenceau demande personnellement au président Wilson de faire l'acte d'autorité gouvernementale nécessaire pour la mise en marche de ces 100 000 tonnes de bateaux-citernes sur les ports français. Il y a là une question de salut public interallié. Si les alliés ne veulent pas perdre la guerre,*

il faut que la France combattante, à l'heure du suprême choc germanique, possède l'essence aussi nécessaire que le sang dans les batailles de demain[20].

Dès lors, la nature du pétrole change et devient un enjeu stratégique majeur qui doit, en temps de guerre, être géré entre alliés. Malgré le silence pesant de Washington, dans les trois semaines qui suivent, 42 500 tonnes supplémentaires sont acheminées vers la France. L'effort américain n'est pas négligeable. Leur niveau de consommation a dépassé celui de leur production et cette aide exceptionnelle arrive au moment où ils augmentent leurs besoins en hydrocarbures pour l'intervention militaire. Cette aide n'a donc pu se faire qu'au prix de restrictions et d'un affaiblissement du stock pour un moment. Il est aussi intéressant de noter que Wilson réagit dès le premier appel de Clemenceau. Les services de ce dernier doivent par conséquent reconnaître l'importance de la pénurie et savent que la France est restée en dehors de la course au pétrole dans les années d'avant-guerre. Les restrictions en France restent nécessaires, bien que l'armée, l'agriculture et l'éclairage soient préservés. Elles s'élèvent à 25 000 tonnes par mois, bien qu'il soit difficile de demander à une population de se restreindre davantage, quand elle est au bord de l'épuisement. La même année, la France connaît ses premiers mouvements de grève et actes de mutinerie depuis le début du conflit.

La crise de l'hiver 1917 est un changement de cap dans la perception que l'état-major porte sur la tenue du conflit. C'est aussi une prise de conscience réelle par les pouvoirs publics de

---

[20] Note du président Clemenceau pour le président Wilson. *Ibid.*, p.59.

l'importance future des hydrocarbures en temps de paix. En 1918, la leçon ne sera pas oubliée : la France doit reprendre la main sur le pétrole pour ne plus dépendre de ses partenaires anglo-saxons. L'intervention de l'Etat auprès des entreprises pétrolières américaines s'est révélée efficace : un bon point pour lui dans le rapport de forces qui l'oppose aux raffineurs français.

> *En face des difficultés d'importations, de main-d'œuvre, de matière première, de fret et de charge, soulevées par l'état de guerre, la liberté pure et simple du négociant privé ou de l'industriel isolé n'est plus qu'un vain mot, parfois même une apparence dangereuse*[21].

Les raffineurs doivent reconquérir leur légitimité. Ils n'ont pas su répondre à la crise. Ils ont, de surcroît, mis des bâtons dans les roues de l'Etat lorsque celui-ci cherchait à approvisionner le pays. Leur réputation est en jeu : ont-ils préféré leur profit à la défense de la nation ? La réponse à cette simple question pourrait métamorphoser le régime pétrolier de l'après-guerre.

Les entreprises dignes de confiance ? L'affaire Muskogee

Le débat entre monopole et liberté se résume dans l'ensemble à la question de la Défense Nationale et de l'indépendance du pays. La question induite, s'il faut étudier l'hypothèse de la liberté de marché, est donc : les entreprises sont-elles « patriotes » et peut-on compter sur elles en temps de

---

[21] *Ibid.*, p.91.

guerre ? Cette question, qui plane sur les débats sans être formulée, se cristallise autour de ce qui pourrait être considéré à première vue comme une anecdote. Pourtant, cette affaire envenime les relations entre le gouvernement et les compagnies pétrolières[22]. Elle est révélatrice de la perception que chaque partie a sur son propre rôle, de celui de l'autre et les limites de pouvoir de chacune. Cet incident refera surface à la Chambre, lors des débats sur le régime pétrolier. Dans cette affaire, l'Etat et une firme française demandent simultanément l'attribution d'un même navire-citerne américain, le Muskogee. Ils montrent un manque d'organisation et de coordination, qui conduisent à quelques maladresses diplomatiques. L'anecdote conforte alors Bérenger dans sa position d'établir un *Petroleum Committee* français.

L'histoire commence tandis que le Haut-Commissaire aux Etats-Unis, André Tardieu, demande au *Navy Department*[23] et au *Petroleum Committee* le remplacement du tonnage du pétrolier Goldshell de la Shell Company, réquisitionné par un gouvernement américain entré en guerre en avril 1917. Le Muskogee, qui assure un tonnage supérieur, lui a avantageusement été promis en remplacement. Parallèlement, la Maison Fenaille & Despeaux intervient auprès de la Standard Oil pour que le Muskogee remplace l'Archbold, qui était à sa disposition, avant d'être coulé par l'Allemagne. La Standard présente cette duplicité au *Petroleum Committee*, faisant savoir sa préférence pour la maison Fenaille & Despeaux qui fait une offre à 150 shillings, contre 100 seulement de la part du Haut-Commissaire. L'objectif de Fenaille & Despeaux est de charger

---

22 Takashi HOTTA, *L'industrie du pétrole en France, des origines à 1934*, thèse de doctorat, Paris X-Nanterre, janvier 1990, pp.159-165.

23 Le département de la Marine américaine.

en pétrole brut et de le raffiner en France. Pour le Haut-Commissaire, l'urgence est d'importer de l'essence raffinée. Leurs intérêts ne sont pas les mêmes. Les premiers réfléchissent en entrepreneurs, le second entend répondre aux besoins de la Défense nationale.

Diplomatiquement, André Tardieu se trouve dans une position très délicate. Difficile de faire savoir son agacement au *Navy Department* face à des engagements non tenus, quand son propre gouvernement n'est pas capable de tenir les entreprises de son territoire. Sa crédibilité est aussi entamée : c'est Bedford, alors à la fois président du *Petroleum Committee* et de la Standard Oil, qui l'informe de la situation. Verdict : c'est la proposition mieux-disante de Fenaille & Despeaux qui est retenue, même si Bedford s'engage à étudier le remplacement du Goldshell, à un moment où les tankers se font rares. Sans garantie, Tardieu alerte Clemenceau. « Des influences se sont entremises à Paris et à New-York pour faire échouer, sans que j'en fusse prévenu, cette combinaison qui, complètement favorable à l'intérêt général, lésait des intérêts particuliers », écrit-il, furieux, dans un télégramme le 25 août 1917. « Les interventions de Deutsch et Fenaille & Despeaux nous ont mis en mauvaise posture pour nous plaindre trop véhémentement[24]. » Pour Tardieu, les firmes se mêlent d'une question géopolitique au détriment de l'intérêt national. Maurice Viollette, alors ministre du Ravitaillement général, répond dix jours plus tard par câblogramme[25] : il apparaît que

24 A. N. F12.7715. Tardieu au président du Conseil, le 25 août 1917 (télégramme n°1388).

25 Voici la teneur du message : *(J')ai demandé (des) explications à Fenaille, qui m'a communiqué (la) correspondance télégraphique avec son agent (de) New-York, d'où il résulterait que (l')initiative des opérations ayant abouti à*

les Français ont fait les frais de la lutte fratricide entre la Shell et la Standard. La position de Bedford au Petroleum Committee lui a permis d'obtenir aisément la bénédiction du gouvernement : que la Shell remplace ses pétroliers, la Standard remplace les siens, surtout si cela peut, en plus, lui faire bénéficier d'une offre plus avantageuse. Peu importe la finalité des commanditaires. La Standard Oil montre ainsi qu'elle est en mesure de passer outre un engagement gouvernemental, préférant rester dans un univers de concurrence et de rentabilité, plutôt que d'observer une logique d'intérêt général commandée par son gouvernement.

Du point de vue français, il semble qu'il manque l'équivalent du *Petroleum Committee* : entreprises,

---

affréter (le) Muskogee au remplacement (de l')Archbold viendrait de (la) Standard. (Le) 6 août, cet agent télégraphiait que (la) Standard laissait espérer ce remplacement. (Le) 9 août (le) même agent télégraphiait que d'après (la) Standard, le gouvernement américain pouvait faire (l')engagement (d')affrètement (du) Muskogee qui appartient à la Standard, que (la) Standard, (n')ayant pas (d')autre navire, offrait (de) remplacer (l')Archbold par (le) Muskogee, Deutsch devant trouver un remplacement pour (le) chargement (du) Goldshell. Fenaille dit que, ignorant (la) raison de ce changement (d')affectation et par crainte de manquer (l')affrètement offert, avait cru devoir accepter (l')offre. D'autre part, votre télégramme (...) indique que c'est (le) Petroleum Committee qui a refusé (d')enlever par (le) Muskogee (le) chargement destiné (au) Goldshell, que le gouvernement américain ne voulait pas favoriser (la) Shell Company et voulait qu'elle remplaçât (le) Goldshell par ses propres moyens. Si (les) faits se sont passés ainsi et sous réserve (d')autres explications, (l')impression (qu'on a) ici est que (la) réquisition (du) Muskogee en vue de remplacer (le) Goldshell a déplu à (la) Standard, qui a profité de sa situation au Petroleum Committee pour faire échouer (la) combinaison par hostilité pour (la) Shell Cy et s'assurer en même temps (un) fret plus avantageux en affectant (le) Muskogee en remplacement (de l')Archbold, qui lui appartenait également. A. N. F12. 7715. Ministère du ravitaillement, service des missions du Haut-Commissaire à Washington, le 4 septembre 1917.

gouvernement et correspondants agissent séparément et de manière divergente. En résultent un affaiblissement diplomatique et des tensions internes. La lecture des télégrammes conforte Bérenger dans sa position pour un rôle de l'Etat fort dans la politique pétrolière du pays. Tardieu trouve en lui un allié. Bérenger lui adresse une lettre dans laquelle il fait part de ses analyses et des problèmes à résoudre. Il propose de travailler sur trois points[26] :

> *1°- Manque de centralisation des services d'achat et de répartition qui promettent aux diverses maisons d'importation de travailler séparément, sans coordination entre elles et en se faisant parfois concurrence au détriment de l'intérêt public.*
> *2°- Rivalité entre les quelques grandes organisations qui contrôlent la production pétrolifère du monde*
> *3°- Pénurie de bateaux-citernes et mauvaise répartition entre les Alliés et le tonnage spécial.*

Bérenger se sent conforté dans sa position par « l'incident Tardieu ». Il estime même que le problème doit être envisagé au-delà de la frontière de l'Hexagone. Pour cela, il préconise la création d'un bureau central interallié, avec des sièges à Paris, Londres et Washington, pour centraliser les besoins, contrôler le fret, la production et la répartition des ressources.

> *Il fixerait, d'une part, le contingentement qui serait alloué à chacun des alliés, et d'autre part, la quote-part qui devrait être fournie par chacun des pays producteurs en tenant compte : 1° de la situation*

[26] A. N. F12. 7716. Bérenger à Tardieu, le 21 septembre 1917.

géographique par rapport aux pays consommateurs ; 2° des besoins en produits spéciaux ne provenant que de certains pays producteurs[27].

Cette ambition est internationale, politique, et en opposition avec le principe de libre marché. Bérenger le sait ; il sait aussi que les stocks s'épuisent et que l'armée court à sa perte, car les raffineurs s'avouent eux-mêmes incapables de mobiliser les ressources en essences suffisantes à son fonctionnement. Autre motif de perte de crédibilité, la flotte des raffineurs français naviguait sous pavillon britannique pour éviter l'inscription maritime. Quand la guerre éclate, la flotte est logiquement réquisitionnée par l'Angleterre, heureusement alliée de la France[28]. L'Etat ne peut plus se permettre ce genre de mésaventures. Auparavant, il convient d'organiser les relations entre firmes et gouvernement, afin d'éviter de nouveaux malentendus. En 1917, la création du Comité Général du Pétrole trouve toute sa légitimité. C'est une brèche dans le mur qui séparait jusqu'ici l'Etat du milieu des affaires pétrolières.

La traduction institutionnelle de l'intervention de l'Etat

La reprise en main de la question du pétrole par l'Etat nécessite la mise en place d'un consortium pour piloter l'industrie française. De plus, aucune politique pétrolière ne peut se faire seule : pour le partage mondial des ressources, l'action diplomatique est nécessaire.

---

27 *Ibid.*

28 BÉRENGER, *op. cit.*, p.87.

La création du consortium et du Commissariat général aux Essences et Combustibles

L'un des moments-clefs de la naissance de la politique du pétrole se déroule entre 1917 et 1919. Clémentel, ministre du Commerce et Bérenger sont au cœur de ce changement. Partageant les mêmes points de vue sur le rôle de l'Etat, l'influence de l'un renforce celle de l'autre. Objectif : créer en France l'équivalent du *Petroleum Committee* américain.

Au moment de leur entrée en guerre, les Etats-Unis doivent aussi prendre des mesures pour gérer la répartition de leurs ressources hydrocarbures. Le 24 mars, Bernard M. Baruch[29] demande à A. C. Bedford, président de la Standard Oil, de créer un comité consultatif du pétrole, qui devra fonctionner sous l'autorité du *Council of National Defense*. Ce *Petroleum Committee* organise les besoins des Etats-Unis en lien avec le *Shipping Board*, et des alliés en lien avec les ambassades. Ces dernières font savoir leurs demandes d'achat ; le *Petroleum Committee* évalue les besoins, la faisabilité et distribue. En juillet 1917, il passe sous l'autorité du *War Industries Board* et devient le *National Petroleum War Service Committee*. Il a alors le contrôle de toute la production américaine, ainsi qu'une partie de la production mexicaine.

Pour décliner le modèle en France, le ministre Clémentel va jouer un rôle-clef. C'est lui qui met en place les consortiums, profondément convaincu « que des temps nouveaux se

29 Homme politique et homme d'affaires, Bernard Baruch conseille Wilson sur les questions économiques. Spécialiste des matières premières, il est nommé président du *War Industries Board*, organisme chargé d'organiser l'économie de guerre, le 4 mars 1918.

préparaient, [...] au cours desquels notre vieil et exclusif amour de l'individualisme doit fléchir devant la nécessité de l'organisation, de l'union. » Admirateur de Michelet, humaniste et croyant, Etienne Clémentel est un dandy de la politique un peu atypique. C'est à partir de 1915 qu'il joue son rôle le plus important. Fréquentant aussi bien les milieux de gauche que de droite, il réussit le tour de force de conserver le portefeuille du Commerce et de l'Industrie jusqu'en 1919. Un record de longévité dans une période troublée qui voit cinq gouvernements se succéder. Son champ d'action grandit au fil des années : en 1916, il obtient en plus le Travail et l'Agriculture, ce qui fait de lui un ministre capable d'intervenir sur toute l'économie du pays. Il gagne ensuite les Transports maritimes et la Marine marchande, stratégiques pour le ravitaillement du pays. Etienne Clémentel croit au partenariat entre les entreprises et l'Etat[30]. Ministre du Commerce, Clémentel l'est sans doute au début, soutenant ou interdisant les échanges de tel ou tel produit, au coup par coup. Très vite, il devient plutôt ce que l'on pourrait appeler un « ministre de la Guerre économique ». Dès 1916, les contrôles s'intensifient sur les produits rares, réquisitionnés, et les importations de luxe, qui sont limitées. L'année suivante, toute importation est soumise à une autorisation gouvernementale, la flotte marchande est réquisitionnée et le contrôle des changes, instauré.

---

30 Richard F. Kuisel remarque que Clémentel, rapporteur du budget en 1904, proposait même « d'augmenter les recettes en nationalisant des monopoles, tel celui du raffinage du pétrole ». Richard F. KUISEL, *Le capitalisme et l'Etat en France : Modernisation et dirigisme au XXe siècle*, Paris, Gallimard, 1984 (Cambridge University Press, 1981, pour l'édition originale), p. 84. Source : Etienne CLÉMENTEL, « Budget pour tous », *La Grande Revue*, février 1904.

Le ministre cherche à calmer ses partenaires, maîtriser la hausse du coût de la vie, contrer la spéculation, recentrer les capacités de transports, insuffisantes, aux importations nécessaires, protéger les petites entreprises, et mieux répartir les ressources en fonction des besoins et des priorités.

Pour Clémentel, sa mission est claire : « il [faut] s'emparer des marchés de l'ennemi, empêcher tout commerce avec les Puissances centrales, et libérer la France de sa dépendance envers les fournisseurs étrangers »[31]. L'Etat doit jouer le rôle de régulateur en réglementant la production et les ventes pour protéger le consommateur et limiter les profits des compagnies. Sa solution : le consortium[32]. « Le groupement vous rendra invincibles », affirmait-il en 1917 devant l'Association Nationale d'Expansion Economique (A.N.E.E.), prémices d'une confédération patronale, créée avec l'appui du ministère du Commerce pour renforcer les capacités d'offensive

31 *Ibid.*, p.85.

32 Kuisel présente le consortium de la façon suivante : *Le consortium, le plus souvent constitué en société anonyme, regroupait les industriels et les importateurs concernés par un même produit brut. Il commençait par soumettre la liste de ses besoins aux services techniques du ministère ; celui-ci examinait la demande, puis la transmettait à des comités consultatifs, où l'industrie déléguait des représentants de premier plan, et à des comités interministériels responsables du programme d'importation dans son ensemble. Au sommet de cette pyramide administrative, se trouvaient les bureaux interalliés. En pratique, l'Etat agissait à titre d'intermédiaire pour l'achat et le transport. Quand la cargaison arrivait au port, le consortium payait le fret maritime et les dépenses annexes, puis la répartissait entre ses membres à un prix fixé par l'Etat. Le bénéfice des membres du consortium devait être limité à un intérêt de 6% sur leur investissement ; au-delà, il devait être mis en réserve pour le développement futur du commerce et de l'industrie. Ibid*, p.88.

commerciales françaises[33]. Dans l'esprit du ministre, la guerre a contraint l'Etat, le commerce et l'industrie à travailler ensemble, vivre côte à côte et donc à mieux se connaître et mieux comprendre les efforts que chacun faisait dans l'intérêt général. Il appelle donc à poursuivre cette « union sacrée » dans la paix, pour aboutir « au succès et à la victoire économique de la France[34] ».

Bérenger partage la même analyse pour le pétrole. Un contrat est passé le 29 mars 1918 entre Clémentel et les principales entreprises conditionnant ou distribuant du pétrole : le consortium pétrolier français est né[35]. Basé à Paris, il doit durer pendant toute la guerre et expirer six mois après la signature du traité de paix. Tous ses administrateurs et directeurs doivent être français (article premier). Les achats sont faits par l'Etat, en accord avec le consortium sur les quantités et qualités à importer, qui approvisionne les importateurs par le consortium et suit les programmes dressés par le comité général du pétrole. L'Etat prend en charge le transport et propose de reprendre les contrats des importateurs en cours (article 2). Le prix de vente est fixé par le ministre du commerce et le ministre du ravitaillement, sur proposition du consortium et après avis du comité général du pétrole (article

---

33 *Ibid.*, p.87.

34 *Ibid.*

35 Sur les 30 000 actions créées, les trois principales maisons, Fenaille & Despeaux, Desmarais et les fils d'A. Deutsch en ont 15,75% chacune, la Compagnie industrielle des pétroles 12,87%, la Raffinerie du Midi 11,68%, Lille-Bonnières-Colombes 8,42%, Paix & Cie 7,46%, Lesieur & Fils 4,28%, la Compagnie générale des pétroles 4,76% et la Raffinerie de pétrole du Nord 3,20%. Contrat relatif à la création d'un consortium pétrolier français, BÉRENGER, *op. cit.*, p.273.

4). « Le consortium étant constitué dans un but d'intérêt national », le bénéfice des actionnaires est plafonné à 6%. Un contrôle est prévu : à tout moment, les ministres du commerce et du ravitaillement peuvent examiner les comptes du consortium. Ils feront l'objet, au moins une fois par an, d'un rapport du comité général du pétrole (article 5)[36].

Bérenger et Clémentel ont réussi à imposer leur modèle. Les prix sont maîtrisés, les importations et leur répartition aussi. André Nouschi remarque que les résultats de Bérenger sont appréciés par Foch qui écrit le 15 avril 1918 à Clemenceau que « grâce aux efforts du comité général du pétrole », il a pu « envisager sans inquiétude l'exécution des transports nécessités par la nature des opérations[37] ».

Enfin, Bérenger obtient la création d'un Commissariat général aux Essences. Reconnu pour son travail et son expertise, le président du Comité général du pétrole est nommé commissaire aux essences et aux combustibles. Il reçoit pour mission d'assurer le ravitaillement de la France, des colonies et protectorats en essences, huiles lourdes et autres produits pétrolifères combustibles. Ses moyens sont bien plus importants. Il dispose de ressources administratives importantes :

- la sous-direction des essences et combustibles (ministère du ravitaillement) ;

---

[36] Extraits du « Contrat relatif à la création d'un consortium pétrolier français », annexe au projet de loi portant sur le « Régime national des pétroles en France », le 16 juin 1919. BÉRENGER, *op. cit.*, p.271 et suivantes.

[37] Cité par André NOUSCHI, *La naissance de la C.F.P* (voir note bibliographique). Source : BÉRENGER, in *Marine et colonies*, mai 1918.

- le comité général du pétrole et la 6ème section des services techniques du ministère du commerce ;
- le service des huiles lourdes du ministère de l'armement et des fabrications de guerre ;
- le service du contrôle, de la consommation de l'essence et de la circulation automobile (ministère de la guerre).

En plus de ces missions intérieures, Clemenceau le charge, en novembre 1918, de « négocier avec [les] alliés pour l'organisation d'une politique pétrolifère européenne ». Début 1919, il supprime le rationnement. Le transport de combustible ayant repris normalement, les barils affluent. Dans un rapport qu'il remet au président du Conseil le 6 mai 1919, il évalue à près de 50 millions de francs les bénéfices du consortium. Clemenceau lui demande donc d'aller plus loin. Bérenger a su assurer les approvisionnements pendant la guerre, qu'il travaille dorénavant au problème du pétrole pendant la paix. Il estime que « la question des pétroles s'annonce comme devant être l'une des questions économiques les plus importantes à la conférence de la paix ». Conscient qu'elle « intéresse au plus haut point l'avenir de notre défense nationale, aussi bien que celui de notre prospérité générale », il lui demande de centraliser toute la question et de traiter le problème à l'échelon international.

Tandis que Bérenger approfondit et amplifie son action, les raffineurs font déjà savoir leur impatience de recouvrer leur liberté et les pratiques d'avant-guerre. La pression monte du côté des milieux d'affaires. De son côté, investi de prérogatives diplomatiques, le commissaire aux essences rencontre les acteurs du milieu, en particulier du côté de Londres.

Le jeu diplomatique et le partage des territoires

L'Angleterre a brillé dans sa diplomatie pétrolière pendant toute la course à l'Or Noir. Efficace dans l'exploration, elle a bien compris que la France, étant donnés les dommages qu'elle avait subis, serait en droit d'exiger des parts importantes sur les concessions allemandes à partager en Galicie, Roumanie et en Turquie[38]. Londres décide donc de s'emparer de ces terres en jouant une stratégie délicate. Sachant que les Etats-Unis ne seraient pas en reste et chercheraient à valoriser le rôle qu'ils avaient eu pendant la guerre pour se poser en partenaire principal, l'Angleterre doit s'entendre directement avec le ministère des affaires étrangères français pour établir une relation privilégiée. Pour concrétiser cet accord, il convient de créer des sociétés franco-britanniques. Enfin, il faut encourager le monopole d'Etat : la liberté donne la main aux raffineurs, inféodés à la Standard. L'Etat, en revanche, devient le partenaire de l'Angleterre.

Londres déploie des trésors de diplomatie pour s'accaparer des territoires qui se révèleront plus tard extrêmement riches en pétrole. Durant la guerre, les négociations ont déjà commencé : l'Angleterre obtient de grandes concessions en Algérie et à Madagascar avec la bénédiction de Marcel Sembat, qui pense un temps consulter la Chambre, avant d'y renoncer. En 1916, les représentants des gouvernements anglais et français, Sykes et Picot, s'entendent secrètement sur le partage du Moyen-Orient[39]. Le 7 mars 1919, Bérenger signe un accord avec le gouvernement britannique, accord Walter Long - Bérenger,

---

38 Pierre L'ESPAGNOL DE LA TRAMERYE, *La lutte mondiale pour le pétrole*, éditions de la vie universitaire, Paris, 1921, p.183.

39 Voir la carte du partage en annexe.

formalisant des axes de politique commune dans les principaux territoires pétrolifères : Roumanie, Mésopotamie, Russie et Galicie. Quelques jours après, la Royal Dutch offre sa coopération dans la mise en place de la politique pétrolière française et propose son expertise et ses infrastructures pour appuyer cet essor dans le monde entier. Elle s'engage enfin à approvisionner la France en priorité, pour la protéger de la rupture prévisible de la collaboration avec la Standard. Cette proposition acceptée, deux sociétés sont créées en juillet : la « Société pour l'Exploitation des Pétroles » et la « Société Maritime des Pétroles ».

La première mérite de retenir notre attention. Parmi ses administrateurs figurent de grands noms du pétrole. Il faut citer Deterding, qui dirige la Royal-Dutch et Gulbenkian, admirable stratège de la question pétrolière. Comme dans la Société Maritime des Pétroles, la France est minoritaire au Conseil d'Administration et « la voix de Deutsch de la Meurthe, qui réussit à faire passer le Cartel des Dix du parti de la Standard à celui de la Dutch, est toute acquise aux directives de Londres et La Haye[40]. » La Banque d'affaires de l'Union Parisienne amenait des fonds… et le pavillon français pour une opinion publique de plus en plus suspicieuse à l'égard des deux géants du pétrole, mais c'est bien l'Angleterre qui tient la société. Le gouvernement donnant à l'entreprise la part des pétroles de Mésopotamie qui lui revient, la Shell en récupère 60% officiellement, ce qui correspond à la part de son capital, 90% en vertu du jeu des alliances avec ses partenaires au sein du Conseil d'Administration. Elle reprend ainsi par un tour de passe-passe ce qu'elle avait « cédé » à la France un peu plus tôt.

---

[40] *Ibid.*, p.186.

Reste à pérenniser le monopole d'Etat pour évincer définitivement le concurrent américain du marché français.

La Standard, naturellement, comprenait bien les manœuvres de Deterding :

> *Résolue à se défendre, elle déclara qu'elle ne continuerait ses crédits « que si le Gouvernement français abandonnait son projet de monopole, qu'elle considérait comme visant son éviction »*[41].

Choqué de voir le trust s'immiscer dans la politique intérieure de la France, Klotz ordonne, en accord avec Bérenger, à la Mission Française en Amérique de rompre les contrats avec la compagnie américaine. Ainsi, par une erreur de diplomatie, la Standard précipitait sa propre éviction au profit d'une Shell ravie.

Un dernier acte se joue en Italie, dans la ville de San Remo, le 24 avril 1920. Les gouvernements italien, français, britannique, grec, japonais et belge se réunissent pour discuter des problèmes liés au traité de paix. En 1918, Clemenceau, peu au fait des affaires du Proche-Orient, rencontre le premier ministre anglais et cède la très prometteuse région de Mosoul contre un soutien sur la rive gauche du Rhin. La France, représentée par Millerand et Berthelot, ne peut qu'entériner la décision, se contentant d'une participation subordonnée au contrôle britannique. Les Français obtiennent en revanche de récupérer les 25% que la Deutsche Bank[42] détenait dans la

---

41 *Ibid.*, p.188.

42 La part des 25% reviendra à l'Etat si l'exploitation est de forme gouvernementale ; si une société privée doit exploiter ces terres, le

Turkish Petroleum Company (TPC)[43], créée avant la guerre pour exploiter le pétrole mésopotamien. L'ouverture des territoires semble de plus inéquitable : l'accord porte sur la Roumanie, l'Asie Mineure, l'ancien Empire Russe, la Galicie et les colonies françaises. Alors que la France ouvre tout son territoire à son partenaire, la contrepartie est faible : la France ne peut collaborer que dans les « colonies britanniques de la Couronne » et sous la réserve commode des règlements en cours. Or, la couronne britannique ne dispose plus de beaucoup de colonies, la plupart ayant été transformées en dominions[44]. Seule la Roumanie reste un territoire où le partage est équitable. Et pour cause : l'affrontement avec la Standard y est particulièrement tendu ; cette dernière remportera d'ailleurs la partie par l'intermédiaire de son alliée, la Banque de Paris.

Comme ils sont conscients de la difficulté de faire passer favorablement un tel accord dans l'opinion publique et redoutant l'ire des Américains, l'accord reste confidentiel pendant trois mois. Lorsque le journal *Le Temps*[45] le publie, les Américains comprennent pourquoi leurs entreprises trouvaient porte close. Quelques jours plus tôt, leur ambassadeur s'en était même ouvert officiellement auprès des autorités françaises. C'est le début des hostilités avec les Etats-Unis, qui prendront

---

gouvernement britannique souhaite se voir céder 25% des parts de l'entreprise.

43 A sa création avant la guerre, la TPC est partagée entre la Royal-Dutch (25%), l'Anglo-Persian du gouvernement britannique (50%) et la Deutsche Bank (25%).

44 Le Canada en 1867, l'Australie en 1901, la Nouvelle-Zélande en 1907, l'Union sud-africaine, devenue Afrique du Sud, en 1910 et Terre-Neuve en 1919.

45 Journal du centre qui tire à 45 000 exemplaires en 1912. La participation des intérêts du charbon et de la métallurgie le fait pencher à droite en 1931.

de multiples formes : mesures de rétorsion lors de conférences interalliées comme celle de Bruxelles[46], campagnes de presse, jeux d'alliance. Leur lobbying commence.

Avec le message de Klotz rompant l'entente avec les Etats-Unis, la France confirme qu'elle vient d'entrer sur le grand échiquier du pétrole, et qu'elle a choisi son camp. Mais elle s'est fait un allié qui l'a privée d'une grande partie de son potentiel d'exploitation et un ennemi redoutable qui dispose de ressources efficaces pour lui ôter le peu qui lui reste réellement, en Roumanie.

Le pétrole n'est plus une denrée comme les autres

La leçon de l'hiver 1917 est que le pétrole est devenu une denrée stratégique, c'est-à-dire « vitale ». Ce qui signifie qu'en manquer met en danger non seulement l'économie, mais toute l'activité du pays, la sécurité de la nation elle-même. Elle n'est plus seulement utile ou profitable : l'essence est essentielle. En soi, le pétrole n'est pas une découverte. C'est l'évolution technologique qui, en développant son usage, change le regard porté sur l'hydrocarbure. Dès qu'il quitte le seul domaine de l'éclairage – le « pétrole lampant » – et s'intéresse aux transports, il incarne une nouvelle économie basée sur les flux et non plus les stocks. La richesse n'est plus la réserve, mais l'échange. Le pétrole est au cœur d'un double enjeu : politique, dans la mesure où le pays doit construire son indépendance énergétique, et stratégique, au moment où la mobilité explose et les besoins avec.

---

46 Les Etats-Unis font savoir qu'ils ne participeront à aucun emprunt international destiné à capitaliser l'indemnité allemande.

Pourtant, les puissances développent les industries sans connaître les ressources que la terre peut leur promettre, faisant un pari sur cette incertitude. Les ressources des puits connus s'épuisent, tandis que les besoins progressent. En 1921, Pierre L'Espagnol de la Tramerye[47] remarque que le Service Géologique du Ministère de l'Intérieur a établi que le stock mondial peut être évalué à 60 milliards de barils ; celui des Etats-Unis à 7 milliards, pour une consommation annuelle de 400 millions de barils. Par conséquent, les Etats-Unis n'auraient plus de pétrole en… 1938. Cette angoisse réelle n'empêche pas la course vers la performance et la modernité. Course qui renforce la dépendance française.

L'arrivée des tankers américains, à la suite du télégramme adressé à Wilson, signifie que la France ne dépend plus seulement des Etats-Unis, l'Etat producteur, pour la ressource elle-même, mais aussi pour le transport. À regarder de plus près, cette dépendance est surtout la dépendance à l'égard des deux grandes firmes, la Standard Oil et la Royal Dutch-Shell. Or laisser la sécurité extérieure du pays, domaine régalien par excellence, à des entreprises étrangères est impensable. Encore fallait-il des hommes pour porter cette notion d'indépendance énergétique, alors toute neuve. L'avènement d'une ère de la mobilité allait confirmer cette tendance.

Sans moyen de déplacement, la société ne fonctionne plus. Ni au point de vue économique, ni au point de vue militaire. À la fin du XIXe siècle, les chaudières des navires à vapeur voient le fioul substitué au charbon. Le fioul possède en effet une meilleure efficacité énergétique. Plus compact, donc plus facile

---

[47] *Ibid.*, p.48.

à transporter, il est aussi plus simple d'usage et rend les navires plus puissants, leur offrant une propulsion impossible avec le charbon. D'innombrables avantages s'ajoutent aux flottes qui font ce choix : un navire à vapeur se repère de loin à sa fumée, sa propulsion nécessite un effort du personnel considérable, le chargement en charbon, contrairement au pétrole, est long et pénible. Enfin, l'extraction de pétrole est plus facile et moins coûteuse que le charbon. Autant de raisons qui font qu'avant la guerre Etats-Unis, Angleterre, Russie et Allemagne ont des flottes au pétrole. Seule la France, pourtant la première à avoir ouvert la voie en 1864 avec le « Puebla », est restée au charbon, sans doute en raison de l'influence des magnats de cette ressource, surtout par manque de prospective[48].

L'automobile est aussi en passe de connaître sa révolution. Dès 1862, Beau de Rochas imagine le moteur à quatre temps. Suit une riche période d'innovation avec de grands noms comme Daimler et Benz, Maybach ou encore Rudolf Diesel. Les ingénieurs ne savent plus à quel saint se vouer pour équiper les premières automobiles, entre la vapeur qui est à son apogée (bien que fort encombrante), l'électricité, la petite nouvelle appelée à un grand avenir, et l'essence de pétrole, qui semble efficace, mais n'a pas une image très propre. Les premières courses automobiles confrontent ces énergies à grand renfort de médias et de mise en scène. En 1895, la course Bordeaux - Paris - Bordeaux est gagnée par l'ingénieur-inventeur Emile

---

[48] De la même manière, la France est la première à créer une compagnie pétrolière (Louis Pierre Ancillon de la Sablonnière, à Pechelbronn, en 1740), mais l'une des dernières à se doter d'une véritable compagnie nationale et Henry Deutsch de la Meurthe présente à l'Exposition Universelle la première voiture à pétrole, mais elle est développée bien plus tard à grande échelle en France, en comparaison avec les Etats-Unis notamment.

Levassor sur un véhicule à pétrole[49]. La vapeur et l'électricité sont battues. Pourtant, beaucoup voient l'avenir plutôt dans la fée électrique. Les autos sont réservées aux riches : difficile de les imaginer les mains dans du cambouis.

Or, c'est bien le pétrole qui l'emporte pour les déplacements, cédant en revanche l'éclairage à l'électricité. Il investit la terre, la mer (dessus et dessous), et le ciel. « Qui aura le pétrole aura l'Empire ! », avertit Bérenger le 12 décembre 1919, dans une note à Clemenceau :

> *Empire des mers par les pétroles lourds, Empire des cieux par les essences légères, des continents par les gazolines et les pétroles lampants. Empire du monde par la puissance financière attachée à une matière plus précieuse, plus enveloppante, plus dominatrice de la planète que l'or lui-même !*

La guerre accroît les besoins en essence à un niveau jamais atteint, du fait de l'essor de la motorisation : les consommations augmentent de 75 % entre 1914 et 1916. L'époque de 1914, où l'armée limitait son parc automobile à 110 camions, 50 tracteurs et 20 voitures de tourisme, auxquels il fallait ajouter 136 avions, est révolue. A la fin de la guerre, elle a fabriqué 3 870 chars, 51 000 avions, 90 000 moteurs d'avions et possède un parc automobile de 180 000 véhicules : la France est entrée dans son siècle.

---

[49] Il est en fait, in fine, invalidé, dans la mesure où son véhicule n'était pas un quatre places, contrairement à ce qu'exigeait le règlement. Mais l'histoire n'a retenu que son nom, et rarement ce détail.

Une bataille de légitimité emportée par l'Etat

L'année 1917 aura été l'année de toutes les crises[50]. Crise militaire, avec l'asphyxie de la guerre sous-marine totale déclarée le 31 janvier et inquiétudes des troupes au front sentant une offensive décisive approcher, multipliant les actes d'indiscipline collective. Crise sociale, avec la multiplication des grèves à l'arrière. Crise du moral, dans plus de la moitié de la France, liée aux restrictions, perquisitions et à la lassitude de l'état de guerre. Crise politique, le gouvernement subissant de multiples attaques, qui amènent Clemenceau au pouvoir. Enfin, crise du ravitaillement : du pétrole, mais aussi du charbon, dont la consommation a elle aussi explosé, et de l'acier, dont le tonnage importé était aussi insuffisant. Cette dernière a trouvé une issue heureuse grâce à Bérenger, qui a su percevoir l'importance du pétrole dans le conflit contre d'autres, comme Sembat, qui préféraient parer à l'urgence et se concentrer sur le charbon.

Le travail de compilation qu'a effectué Bérenger dans son ouvrage *Le Pétrole et la France* est précieux pour comprendre l'ensemble de la crise du ravitaillement en hydrocarbures qu'a dû affronter le pays. Seule l'intervention de l'Etat durant l'hiver 1917 pouvait régler la pénurie d'essence, dont souffrait la France. L'Etat semble surtout avoir pallié l'absence d'un syndicat pétrolier fort en France. A la différence des Etats-Unis, l'organe de distribution du pétrole a été mis en place par un homme politique, et non un dirigeant pétrolier. Le commissaire aux essences a su s'inspirer des expériences étrangères. L'Angleterre crée un *Pooling of Petrol* ? Il crée un comité

[50] BECKER et BERSTEIN, *op. cit.*, pp.104-122.

général des pétroles, puis un Commissariat général aux Essences. Les Etats-Unis ont leur *Petroleum Committee* ? Il obtient la mise en place d'un consortium avec le ministre du Commerce. Il sait aussi faire preuve d'initiative et dépasser le cadre hexagonal en portant la création de la conférence interalliée du pétrole.

Cependant, Bérenger est peu objectif sur le rôle des entreprises pendant la guerre. Elles ont tout de même approvisionné le pays pendant une bonne partie de la guerre. D'ailleurs, l'Etat en aurait-il, lui, été capable, alors que les Etats-Unis n'étaient pas encore entrés en guerre et ne pouvaient donc fournir à l'Etat cette contrebande de guerre ? Leur abandon du raffinage à proprement parler est surtout dû à une législation qui a trop longtemps considéré le pétrole comme le charbon, alors que l'exploitation était différente, et a découragé l'initiative privée. Les bénéfices que Bérenger affiche pour le consortium sont discutables, comme nous le verrons plus loin. Enfin, son travail aurait mérité une certaine autocritique sur l'exercice diplomatique, qui a livré les ressources françaises à des partenaires habiles.

Ces réserves émises, il faut reconnaître que les faits sont têtus. La guerre sous-marine totale et l'entrée en guerre des Etats-Unis, puis la défection de la Roumanie, ont signé l'échec des « raffineurs » en créant des pénuries sérieuses. Convaincues de pouvoir alimenter le pays durant tout le conflit, les entreprises déclarent forfait en 1917 et laissent une situation piteuse, mais pas désespérée. Au moment où elles demandent à la Standard Oil la location de cinq navires-citernes destinés à faire cinq voyages pour affréter 100 000 tonnes de pétrole, la Standard exige des assurances financières exorbitantes pour compenser les risques de torpillage de ses précieux vaisseaux.

Les trois principales maisons font donc appel à Clemenceau. Un moment-clef lourd de conséquences. Dès lors, l'Etat estime qu'il détient un droit d'ingérence dans la vie pétrolière. Il vient d'emporter une vraie bataille de légitimité : Bérenger, et à travers lui l'administration d'Etat et la diplomatie, a réussi là où les raffineurs ont échoué.

DEUXIÈME PARTIE

LES DÉCIDEURS FACE À L'INFLUENCE DES LOBBIES DU PÉTROLE

Les entreprises se trouvent face à un problème. L'Etat, qui s'est révélé efficace dans l'administration des ressources en hydrocarbures, veut conserver le consortium. Il faut donc qu'elles contre-attaquent. L'arène sera le Parlement, principalement, mais aussi les médias. Leur objectif est donc que l'Etat soit absent du secteur et de toute compagnie pétrolière nationale. Pour cela, elles peuvent compter sur l'appui de la Standard. Au même moment, les premiers travaux de recherche sur les groupes d'intérêt émergent aux Etats-Unis. L'initiateur, Bentley, publie en 1908 *The Process of Government*. Constatant le travail des groupes de pression auprès du Congrès, il s'interroge sur leur rôle et leur fonctionnement. La littérature sur le sujet se développe dans l'entre-deux-guerres.

Des groupes de pression constitués

Il est intéressant d'observer que la littérature portant sur les groupes de pression émerge aux Etats-Unis peu avant la première guerre, et se développe durant l'entre-deux guerres. Au moment même où la Standard Oil emploie ses leviers d'influence dans le monde entier et est considérée comme un « Etat dans l'Etat » aux Etats-Unis. Dès cette époque et jusqu'à aujourd'hui, les approches anglo-saxonne et française du lobbying diffèrent en tous points. Aux Etats-Unis, il est reconnu, encadré. En France, il est informel et suspect.

Groupe de pression, ou groupe d'intérêt ?

Comme l'indique Guillaume Courty[51], le vocabulaire désignant les « lobbies » a considérablement évolué durant le XXe siècle. Un essai de définition émerge en 1951 sous la plume de David Truman[52]. Il présente le « groupe d'intérêt » comme un ensemble de personnes, physiques ou morales, qui partagent un intérêt commun et émettent des avis, positions, prétentions, en lien avec cet intérêt. Lorsque ce groupe d'intérêt emploie son influence pour orienter une décision de nature politique, directement ou non, il devient « groupe de pression ». Définition qui soulève toutefois quelques questions. Si l'on peut admettre qu'un groupe d'intérêt puisse ne pas s'intéresser à la chose politique, ce qui mérite d'être discuté, il est instructif d'observer l'évolution sémantique à la lumière des pratiques. Autant la notion péjorative de « pression », antérieure à celle d'intérêt, évoque une influence directe, agressive et égoïste, d'un groupe de personnes, morales ou physiques, en vue d'un intérêt commun, autant celle d'influence suppose une intervention plus légitime, officielle et formalisée de représentation d'intérêts catégoriels, employant des méthodes plus subtiles. Par conséquent, la plus récente semble renvoyer à une pratiquc plus moderne ; ce qui justifie que nous préférerons employer celle de « groupe de pression » pour définir l'action des pétroliers dans le contexte et la période qui nous intéressent.

Il convient de rappeler que ces groupes défendent des intérêts, pas un projet politique. Ainsi, dans le débat entre

---

51 Guillaume COURTY, *Les groupes d'intérêt*, Paris, La Découverte, coll. Repères, 2006.

52 David TRUMAN, *The governmental process, Political interests and public opinion*, New-York, 1951.

interventionnisme ou libéralisme, l'Etat ne peut être en soi un groupe d'intérêt, bien que des personnes agissent conjointement en faveur de l'interventionnisme. Leur démarche, celle de Bérenger, par exemple, est « idéologique » et non guidée par des intérêts particuliers ou catégoriels. En revanche, la Shell et ses alliés constituent un groupement qui agit en faveur du monopole, conforme à leurs intérêts.

L'entrée en scène des banques d'affaires

Après la guerre, les premières banques d'affaires que sont la Banque de Paris et des Pays-Bas[53] et la Banque de l'Union Parisienne (BUP), s'intéressent à la politique industrielle. C'est une nouveauté. Leurs homologues continuent de privilégier une politique de portefeuille, notamment concernant le pétrole, et n'entendent pas s'immiscer dans les jeux complexes et risqués des guerres du pétrole. C'est pendant l'entre-deux-guerres que ces pionnières vont s'imposer comme des parties qui comptent, tant pour leur habileté en ingénierie financière, que pour les fonds qu'elles sont en mesure de mobiliser. Chacune établit des liens privilégiés avec l'un des grands trusts. La Banque de Paris et des Pays-Bas choisit la Standard et la BUP opte pour la Royal Dutch-Shell. La Banque de Paris et des Pays-Bas est alors la plus puissante, et va jusqu'à briser, avec succès, les efforts du gouvernement dans la recherche d'une politique pétrolière autonome et cohérente. La Banque de Paris se révèle être l'atout le plus précieux de la Standard dans la lutte contre le monopole.

Le terrain de cette lutte est loin de Paris : c'est en Roumanie que se joue l'un des actes les plus importants de l'affrontement

[53] Future « Paribas ».

entre interventionnisme et libéralisme. Dans ce pays qui affiche depuis peu de précieuses réserves, le premier producteur est la Steava Romana, dont le principal actionnaire était la Deutsche Bank. Mise sous séquestre après la guerre, elle est à la merci des trusts et aiguise les appétits, car elle continue de vendre ses participations par le biais de sociétés écrans. Le deuxième producteur, l'Astra Romana, est contrôlé par la Shell, tandis que la Standard maîtrise le quatrième, la Romana-Americana. D'autres acteurs regardent de près ce territoire. Les métallurgistes, Schneider-Creusot et le groupe Champin, après avoir acquis les usines de la Sarre, cherchent de nouveaux marchés pour écouler leur production. Ils espèrent ainsi remplir leurs carnets de commande avec les pipe-lines et les forages. Toutefois, obtenir de l'influence dans une compagnie pétrolière nécessite des moyens immenses. Champin se tourne donc vers le milieu des banques d'affaires. Les autres banques d'affaires cherchent à multiplier leurs participations, mais sans envergure industrielle. Paradoxalement, les raffineurs sont sans doute les moins actifs, attachés à obtenir réparation de leurs filiales endommagées.

Après la guerre, la Banque de Paris et des Pays-Bas fourmille d'activité dans le monde entier. Elle entretenait déjà des liens en Roumanie, ayant pressenti le potentiel du pétrole, mais se contentait d'une démarche de gestion. Dès 1919, et en particulier en 1920, elle entreprend de réaliser une stratégie élaborée pour se doter d'un petit empire. Deux grandes options sont retenues : l'alliance avec la Standard Oil of New Jersey, au sein d'une Standard franco-américaine, et la recherche du contrôle des banques et compagnies roumaines, à commencer par la plus puissante : la Steava Romana – ce qu'elle parviendra à obtenir.

Détenue à 51% par la Banque de Paris et des Pays-Bas et 49% par la Standard, la Standard franco-américaine est, pour la Standard Oil, qui domine l'alliance par son poids économique et son expertise, un moyen de faire bénéficier ses compagnies déjà implantées de l'étiquette française. La Standard franco-américaine développe donc dans ce sens une orientation commerciale (distribution, vente) et non une orientation sur la production, comme le voulait la Banque de Paris et des Pays-Bas. Elle voyait dans cette compagnie le moyen de s'emparer des gisements pétrolifères restant dans les colonies. Déçue, les dividendes n'étant même pas à la hauteur de ses espérances, elle reste dans la structure pour bénéficier de réseaux de distribution pour une production future et pour préserver ses relations avec la Standard. C'est aussi un contrat d'alliance contre l'Etat : l'une des clauses du contrat demande à la Banque de Paris et des Pays-Bas de lutter contre le monopole d'Etat !

Cette offensive de Bedford sur le terrain français est la réponse aux accords franco-anglais de San Remo. Il se déplace personnellement à Paris pour diriger les opérations[54]. Dans un entretien accordé au *Matin*, il appelle au retour de la liberté, ces « règles qui, de toute éternité, ont gouverné les échanges ». De façon plus agressive, il adresse une note à l'actuel Commissaire aux Essences et Pétroles[55], Laurent Eynac, pour lui rappeler ses arguments : cette industrie nécessite un personnel compétent et

---

[54] NOUSCHI, *La naissance de la CFP*, p.153. Source : Archives Desmarais.

[55] Laurent Eynac occupe ce poste du 2 juin 1920 au 16 janvier 1921. Le commissariat a été brièvement supprimé avec le départ de Bérenger. La désorganisation qui s'ensuit conduit à sa reconduite, en la personne de Eynac. Durant cet intermède, des licences ont été établies avec les Etats-Unis. A son arrivée, Eynac les annule et fait comme si rien ne s'était passé. Les Etats-Unis voient une nouvelle fois la porte française leur claquer au nez.

les régimes de monopole ou régie augmentent les frais, que le consommateur doit assumer, ce qui lèse le développement industriel et l'impact fiscal. Surtout, Bedford conclut par une quasi déclaration de guerre :

> *Il se peut que le gouvernement français ne se rende pas compte des difficultés qu'entraînerait pour lui le monopole du pétrole en ce qui concerne l'approvisionnement, le transport et la distribution ; le gouvernement ne doit pas non plus perdre de vue le fait que les fournisseurs approvisionneront les pays où la vente de leurs produits n'est pas gênée par les monopoles de l'Etat et où ils peuvent développer leurs affaires. la plupart des vapeurs citernes transatlantiques appartenant aux compagnies de pétrole étrangères, le gouvernement français éprouvera certainement des difficultés à affréter les vapeurs citernes nécessaires au transport de ses achats*[56].

La conclusion, en particulier, est sans ambiguïté. Bedford, fort de son succès en Italie qui, sous ses menaces, a renoncé à son projet de monopole, allait mettre en garde le Commissaire. Il s'est ravisé et a barré le passage suivant :

> *L'Amérique est le pays le plus intéressé dans l'industrie du pétrole, et il n'est pas difficile de prévoir que le gouvernement américain, dans le but de protéger ses intérêts mis en jeu par le monopole du pétrole, sera l'initiateur d'une campagne de représailles. Et alors ?*

[56] NOUSCHI, *op. cit.*

Dans ce but, la Banque de Paris et des Pays-Bas est un puissant Cheval de Troie.

Pour Philippe Margubrat[57], la Banque de Paris et des Pays-Bas est la principale responsable des échecs de la politique pétrolière française. Lorsqu'elle entre dans la Compagnie Française des Pétroles enfin créée, c'est de « l'investissement négatif » : elle oriente de l'intérieur les mouvements de la compagnie pour ne pas contrarier ses autres intérêts pétroliers, bien supérieurs, et notamment roumains. Une influence à ne pas prendre avec légèreté : jusqu'en 1929, elle reste le premier actionnaire de la CFP. Lorsque l'Etat reprend les commandes, elle reste le deuxième actionnaire principal. Pourquoi l'avoir laissée prendre tant de place dans la compagnie nationale, alors qu'elle était de toute évidence au service d'un trust, et pas le moins agressif ? Peut-être était-ce un geste en direction de la Standard, et donc des Etats-Unis, qui ne voyait pas cette formation d'un bon œil ? Ou les capitaux à mobiliser nécessitaient-ils une banque d'affaires aussi puissante qu'elle ? La réponse la plus probable est sans doute que le gouvernement sentait qu'il ne pouvait plus faire autrement. C'est du moins la leçon qu'il a dû tirer de l'échec de la Société Pour l'Exploitation des Pétroles.

Lorsque le gouvernement français envisage de mettre la main sur le pétrole roumain, ce n'est pas seulement pour s'assurer un approvisionnement profitable ; c'est aussi pour priver l'Allemagne de ces ressources, dans la mesure où Paris tient à ce que la consommation allemande soit strictement

---

57 Philippe MARGUBRAT, *Banque et investissement industriel. Paribas, le pétrole roumain et la politique française. 1919-1939*, Faculté de Lettres de Neuchâtel, Neuchâtel, 1987.

limitée à sa consommation civile. Pour ce faire, elle noue des accords avec l'Angleterre et la Roumanie et travaille à la mise en place d'une compagnie appuyée par la Royal Dutch-Shell et la BUP : la Société Pour l'Exploitation des Pétroles (SPEP). L'idée était de donner à la France un poids important dans l'un des deux grands trusts du secteur, 40% du capital de la société étant aux mains de porteurs français. La prise de la Steava Romana voit ce projet s'effondrer. C'est en particulier à ce moment que se forment les deux camps, Banque de Paris et des Pays-Bas contre BUP. Le gouvernement français, inquiet de voir la lutte fratricide profiter à un tiers étranger, propose une voie de sortie. Un vaste consortium international, « OPQ », piloté par la Banque de Paris et des Pays-Bas. Le gouvernement tient à ce que la BUP en fasse partie. Pour l'autre banque d'affaires, hors de question : la BUP la paralyserait dans son action. Elle réduit donc le consortium à l'immobilité, avec l'aide de la Standard.

Un projet de holding est avancé par la Direction des Essences et le Quai d'Orsay. L'idée consiste à créer une société portefeuille, ouverte aux métallurgistes, raffineurs, banques de dépôts et représentants de l'Etat (pour le contrôle), dirigeant des sociétés d'exécution pilotées par les banques d'affaires, par exemple de façon territoriale (la Mésopotamie pour la BUP, la Roumanie pour la Banque de Paris et des Pays-Bas). Un conflit en Roumanie, lié à l'ambition de la Banque de Paris et des Pays-Bas de détenir un monopole sur les terrains, conduit une nouvelle fois la politique pétrolière française à l'échec. Ce schéma restera dans les têtes et les tiroirs, lorsqu'il s'agira de travailler sur la création de la CFP.

Le gouvernement découvre en Roumanie de nouveaux empires financiers : les grandes banques d'affaires. La Banque de Paris et des Pays-Bas ne se limitera pas à agir sur la CFP de l'intérieur. En amont, elle influera, une fois n'est pas coutume, au côté de la BUP qui partage les mêmes vues, pour limiter la compagnie à la Mésopotamie. Leur influence leur permet également d'obtenir que la CFP soit soustraite au contrôle de l'Etat et que son destin reste dans les mains de ses actionnaires dont les principaux sont, dans l'ordre… la Banque de Paris et des Pays-Bas, Desmarais Frères et la BUP !

La Fédération des Industriels et des Commerçants Français, premier groupe de pression en France

Si nous ne sommes pas parvenus à retracer le rôle de la Fédération des Industriels et des Commerçants Français (FICF) dans la constitution de la CFP, les personnages qui ont fréquenté cette puissante organisation ne peuvent avoir ignoré une problématique aussi cruciale pour l'époque. Surtout, l'étude de cette structure doit nous permettre de mieux comprendre ce qu'est un groupe de pression à l'époque, les moyens qu'il emploie, les réseaux qu'il mobilise. C'est aussi intéressant pour approcher l'étude du lobbying à la française.

« Le principe de toute Souveraineté réside essentiellement dans la Nation. Nul corps, nul individu ne peut exercer d'autorité qui n'en émane expressément. » Dans l'esprit de la Révolution, l'article 3 de la Déclaration des droits de l'homme et du citoyen interdisait la représentation d'intérêts sectoriels. Déclinant ce principe, Isaac Le Chapelier fait adopter une loi éponyme instaurant la liberté d'entreprendre, qui proscrit toute corporation, syndicat, droit de grève. Les associations patronales étaient donc interdites. Cette loi étant abrogée en 1864 (loi Ollivier), il faut attendre le 20 mars 1884 pour les voir autorisées et reconnues, bien que leur existence officieuse n'ait jamais vraiment cessé. En France, le lobbying souffre donc d'un *a priori* négatif.

Durant l'entre-deux-guerres, différentes structures fédèrent les intérêts économiques. Certaines sont anciennes, comme le Comité des Forges ; d'autres apparaissent, comme la Confédération générale de la production française, en 1919. Parmi ces lobbies qui n'en portent pas le nom, il faut aussi citer l'UIMM (l'Union des Industries Métallurgiques et Minières), fondée en 1900, que la guerre a rendue puissante et l'Union des Intérêts économiques. A l'époque, qui dit « groupe de pression » pense au Comité des Forges, réputé omnipotent en France. Son image est de plus en plus mauvaise, l'opinion lui reproche son absence de scrupules et voit en lui l'image du capitalisme avide. Son organisation est efficace et ses moyens financiers sont énormes. Il sait faire preuve d'unité dans la poursuite de ses objectifs pour rendre ses actions cohérentes, mais il est loin de l'arsenal d'outils que certains emploient déjà à l'époque.

En 1903, la création de la Fédération des Industriels et des Commerçants Français (FICF) est une rupture[58]. Pour la première fois, une structure fédérale d'entrepreneurs reconnaît que son objet est bien « l'action », ou « l'exécution », et non plus seulement de travailler à des études pour améliorer la santé économique du pays. C'est un premier groupe de pression constitué, indépendant de tout parti politique, créé pour influer

---

[58] Nous empruntons à Joël Dubos en partie le travail qu'il a mené sur ce sujet : « La Fédération des Industriels et des Commerçants Français, entre groupe de pression et syndicat d'union patronale. », in J. GARRIGUES (dir.), *Les Groupes de pression dans la vie politique contemporaine en France et aux Etats-Unis de 1820 à nos jours*, Rennes, PUR, coll. Carnot, 2002.

sur les décideurs publics. Dès cette période, le discours bien connu de défiance à l'égard des pouvoirs publics émerge. Ces derniers sont considérés comme hostiles aux milieux d'affaires, sont inefficaces et manquent de créativité. En 1907, la FICF obtient le soutien des Chambres de Commerce. De grands banquets sont régulièrement organisés et deviennent rapidement des lieux où il faut être pour des hommes politiques, comme Alexandre Millerand ou Louis Loucheur. Dépassant la myriade d'intérêts et de cultures professionnelles qu'elle rassemble, la FICF fait preuve d'une grande cohésion interne. Elle s'intéresse d'abord au travail parlementaire dans la durée, puis, lorsque l'équipe gouvernementale change et met des adhérents ou proches au pouvoir (les ministres du commerce Bonnefous et Isaac), le lobbying se fait de façon plus directe et ponctuelle, au niveau des ministères. Le discours évolue : la dénonciation cesse, la FICF, totalement intégrée dans le processus de décision, voit même parfois ses notes en annexe de projets de loi.

La structure est largement tenue par son président, M. Lebon, qui a connu Poincaré à Louis-le-Grand et a fait ses études à l'Ecole Libre des Sciences Politiques. Son carnet d'adresses couvre aussi bien les milieux politiques, administratifs, économiques, qu'intellectuels ou la presse. Cette connaissance des réseaux en fait un parfait lobbyiste, doublé d'un habile meneur. Des salariés sont recrutés pour doubler les instances élues. La FICF produit lettres, notes, dossiers, rapports, vœux, même un projet de loi et multiplie les rencontres avec les décideurs et « petites mains » du monde administratif et politique. Son organe d'information mensuel, créé dès octobre 1903, prend le nom de *L'Économie nouvelle* en 1919 pour toucher un public plus large et en faire un relais d'opinion à part entière.

Contrairement à la France, le lobbying aux Etats-Unis trouve toute sa place dans les textes fondamentaux. Il est donc peu étonnant de le voir émerger d'abord là-bas, vers le début du XIXème siècle. En effet, le Premier amendement du Bill of Rights indique :

> *Le Congrès ne fera aucune loi accordant une préférence à une religion ou en interdisant le libre exercice, restreignant la liberté d'expression, la liberté de presse ou le droit des citoyens de se réunir pacifiquement et d'adresser à l'Etat des pétitions pour obtenir réparation des torts subis.*

Un individu ou un groupe, représentant des intérêts économiques ou non, se sentant lésé, peut donc légitimement réclamer des comptes. Pour autant, la pratique des couloirs (*lobbies* en anglais) inquiète très tôt et certains présidents n'hésitent pas à prendre le problème de front, comme Wilson qui rappelle à maintes reprises la nécessaire probité de l'administration américaine et multiplie les critiques du lobbying. Dans ce sens, la loi Hatch réglementera l'activité politique des fonctionnaires et sera la première d'une longue suite de lois du même nom, avec ce même objectif de réglementer l'activité politique et administrative.

A la lumière de ces éléments, il apparaît clairement que les Etats-Unis disposent d'une réelle expérience en lobbying, tandis que la pratique en France, si elle n'est pas récente, manque de professionnalisation et de subtilité, que seule la FICF semble en mesure de mettre en œuvre.

La riposte des intérêts pétroliers

Face aux intentions de l'Etat de confirmer son monopole, les raffineurs mettent en place des arguments, des stratégies et des contre-propositions, pour obtenir du gouvernement qu'il renonce au consortium et confie ce monopole au Cartel des Dix. Pour cela, ils sont disposés à faire participer l'Etat aux bénéfices. Mais ils trouvent face à eux des personnalités déterminées à ce que ce dernier joue un rôle de premier plan et le dossier s'enlise.

Les raffineurs et la Standard en tête mènent trois grandes opérations d'influence : la lutte contre le consortium existant, le retour à la situation de l'avant-guerre et l'opposition à la construction d'une flotte pétrolière autonome. La Standard s'attaque aussi à la réforme du régime douanier sur les résidus. Pour atteindre ces objectifs, le trust mobilise trois outils principaux : l'influence directe, relationnelle, en envoyant des représentants de la compagnie ou du gouvernement américain en France ; les campagnes de presse ; le chantage à l'importation.

Les bilans sont inégaux, mais globalement, elle perd sur quasiment tous les fronts. Une flotte parvient péniblement à émerger. Le monopole, s'il ne parvient pas à s'instituer, est temporairement maintenu, sans qu'un possible retour au régime de l'avant-guerre soit sérieusement envisagé. Et le régime douanier sur les résidus est adopté. Le chantage à l'importation mène la vie dure aux services, mais des solutions émergent avec l'appui de la Shell. Seule la campagne de presse semble parfois porter atteinte à la légitimité du gouvernement, voire des parlementaires. Cependant, l'opinion publique demeure suspicieuse à l'égard des interventions de Bedford. En réalité, toutes ces actions sont contre-productives : sentant l'ingérence impudente d'un trust étranger sur la politique nationale, les élus sont sur la défensive. Toutefois, le milieu des affaires ne se limite pas au trust américain. Il ne manque pas de s'exprimer et désapprouve violemment la politique de consortiums menée par Clémentel.

Les consortiums sous le feu des critiques

Si les résultats de Bérenger font le bonheur des dirigeants politiques et militaires, le monde des affaires est beaucoup plus critique. Les entrepreneurs devinent la tentation de l'Etat de maintenir le statu quo à la fin du conflit. Ils souhaitent recouvrer leur liberté et le fait que les intérêts soient plafonnés à 6% ne leur convient pas. Dès lors, ils développent une kyrielle d'arguments et de moyens pour en finir avec ces structures.

Rapidement, les fonctionnaires ont acquis une autorité sur les consortiums qui leur a permis de s'immiscer dans les affaires des sociétés. Les dysfonctionnements administratifs sont donc mis en avant, certaines sociétés s'estiment lésées. Les présidents des chambres de commerce demandent que les consortiums ne soient institués qu'en cas de nécessité absolue. Les juristes opposent à ces organismes le principe de libre concurrence. Dans l'administration, les hauts fonctionnaires reconnaissent les imperfections du système, mais maintiennent qu'il faut conserver les consortiums en temps de paix, au moins dans les industries stratégiques.

> *A entendre le ministère, ceux qui critiquaient les consortiums étaient soutenus par* les naïfs et les médiocres qui se figurent que la France tout entière va pouvoir être découpée en consortiums, et qu'il ne sera

plus possible de boire, de manger ou de se vêtir sans la permission de cette nouvelle divinité[59].

Pour Clémentel, la guerre a surtout permis de mettre en question la doctrine libérale. Il accuse les « champignons de guerre », ces spéculateurs qui ont profité de la période troublée pour s'enrichir. Mais un front s'est levé contre les consortiums, que Clémentel incarne. L'A.N.E.E., qu'il avait aidée à créer, se retourne contre lui. Le ministre brandit la menace allemande qui, après avoir perdu la guerre sur le plan militaire, allait gagner la guerre économique grâce à ses « masses économiques compactes ».

> *La stratégie du ministère du Commerce consistait à rénover les processus de production, encourager l'autodiscipline des producteurs, promouvoir la collaboration entre un patronat organisé et l'administration. En cas de défaillance de l'initiative privée, l'Etat apporterait ses orientations et son assistance*[60].

Les milieux d'affaires ne se satisfont pas de la formule : ils ne sont pas opposés à la révision de l'article 419 du Code pénal pour rendre possibles les ententes industrielles et commerciales – des oligopoles. Ces formations leur permettraient même de dégager de plus gros bénéfices, au détriment des petites entreprises. De son côté, l'administration tient à ce que l'Etat garde son autorité sur ces organismes, ce que les firmes refusent

---

[59] Note du chef de la section du contentieux et du contrôle au directeur du service de l'information économique, 5 avril 1918 (AN F^{12} 7662). KUISEL, *op. cit.*, p.89.

[60] *Ibid.*, p.93.

catégoriquement. Pour elles, les consortiums sont une forme de dirigisme déguisé. L'homme qui lui succède, Louis Loucheur, entreprend de les démanteler.

La prudence à l'égard de l'intervention de l'Etat vient aussi de ce qui se passe du côté de Moscou. La révolution russe effraie ou fascine. Le milieu des affaires y voit la menace de perdre ce qu'une autre révolution avait apporté en France : la liberté. Craignant que les mouvements russes ne fassent des émules, les entreprises font bloc pour dénigrer toute ingérence de l'Etat. Ils s'opposent donc au projet étato-corporatiste de Clémentel, craignant l'ombre du spectre soviétique. En mai 1918, les grèves « pour la paix, jusqu'à la paix » sont minées d'allusions à la révolution bolchevique. Dans ce contexte, l'arrivée de Loucheur est pour eux un soulagement.

Louis Loucheur est l'opposé de Clémentel. Ingénieur polytechnicien, il se forme aux Chemins de fer du Nord. C'est un entrepreneur de talent qui fait fortune dans les travaux publics. C'est à lui qu'incombe la reconstruction. Ministre de l'armement en 1917, tandis que son prédécesseur s'intéressait aux conditions de travail des employés, Loucheur n'a qu'un principe : il faut augmenter la production. Pour cela, il n'hésite pas à employer la plus grande fermeté. Il devient conseiller technique de Clemenceau en charge des questions économiques et industrielles quand il est nommé président du Conseil. Sur le modèle pensé par Clémentel, un ministère de la Reconstruction industrielle est créé au lendemain de la guerre. Loucheur y est nommé et y reste jusqu'en 1920. Le ministère du Commerce est absorbé, le ministère de la Guerre disparaît. Les consortiums et organismes de guerre passent sous son administration. Loucheur devient l'homme fort de l'après-guerre. Il entreprend alors de démanteler les consortiums.

Les jeux d'influence contre les projets de loi de monopole

Les raffineurs ont fait preuve d'efficacité lorsqu'il s'est agi de défendre leur activité contre les projets de loi qui se sont succédé, instituant un monopole d'Etat sur les importations, voire sur toute la chaîne du pétrole. En 1901, une première proposition est formulée par Berthelot et Sembat pour l'institution d'un monopole, mais est rejetée par le Sénat. Le 28 février 1903[61], la Chambre vote à une large majorité la motion demandant au gouvernement de « déposer dans le plus bref délai possible un projet de loi ayant pour but de donner à l'Etat le monopole du raffinage du pétrole. » Opposition des raffineurs, le gouvernement recule. Même scénario en 1910 : Cochery travaille sur un projet de régie des pétroles ; opposition des raffineurs, le gouvernement recule à nouveau.

En mars 1914, Viollette et de Monzie déposent un nouveau projet de loi instituant une régie intéressée. C'est un grand pas en direction des raffineurs. Refusant le monopole, ils en appellent à l'expertise technique et au personnel qualifié des raffineurs, absents dans l'administration. La formule permet aux pétroliers de participer à la société, et l'Etat aux bénéfices. Dans cette régie, l'Etat détient le monopole de l'importation et le raffinage des huiles minérales brutes, ainsi que l'importation des huiles et essences minérales raffinées et tout produit de leur raffinage. L'Etat concède son monopole à une société à capital variable, qu'il ouvre aux raffineurs et importateurs de produits pétroliers. La part minimale de l'Etat dans la société est fixée à 20%. Ce projet offre un véritable rôle aux raffineurs. A l'Etat

---

61 NOUSCHI, *op. cit.*, p. 137. Source : archives Desmarais, liasse 11, question du monopole.

aussi. La Chambre syndicale de l'Industrie du pétrole est consultée, elle y est défavorable[62]. Elle estime qu'il existe une discrimination fiscale et financière au détriment des raffineurs. Les trusts étrangers tireront davantage de profit que les raffineurs français qui sont tenus par la loi et le projet porte atteinte à la libre concurrence, toujours en vigueur, même si les industriels se sont groupés pour effectuer des achats au meilleur prix. Bilan, c'est le troisième projet à retourner dans les tiroirs des partisans d'une intervention de l'Etat. Pomaret qualifie cette proposition de « ballon d'essai » : de Monzie reconnaît lui-même qu'il est trop tôt pour lancer la régie ; l'objectif, poser le débat et étudier sérieusement la question, est donc atteint.

Après la guerre, les rapports de force ont évolué en faveur des partisans de l'interventionnisme. Bérenger et Klotz, le ministre des finances, répondant à la commande de Clemenceau, déposent le 17 juin 1919 un projet de loi « instituant le monopole d'achat et d'importation des huiles raffinées et des essences de pétrole[63]. » Le texte du projet est relativement court.

> *Article premier. – L'achat et l'importation des huiles raffinées et des essences de pétrole sont exclusivement réservés à l'Etat.*
>
> *Art. 2. – Il est créé un office central d'achat et d'importation des huiles raffinées et des essences de pétrole. Cet office, rattaché au ministère des finances, est chargé d'assurer, par délégation permanente et sous l'autorité directe du ministre, l'achat et*

---

62 *Ibid.*, p.138.

63 Le projet de loi se trouve dans son intégralité dans le travail de BÉRENGER, *op. cit.*, p.268.

l'importation des huiles raffinées et des essences de pétrole dans les conditions de l'article premier.

Art. 3. – Les recettes et les dépenses du monopole d'achat et d'importation des huiles raffinées et des essences de pétrole feront l'objet d'un budget annexe rattaché pour ordre au budget général.

Art. 4. – La présente loi est applicable à l'Algérie et aux colonies.

Fait à Paris, le 16 juin, 1919.
Signé : R. POINCARÉ.

Quelle nouveauté, au regard du régime mis en place sur la fin de la guerre ? En soi aucune, justement, si ce n'est que cette loi institutionnalise ce qui existe avec le consortium. Restent la distribution et le raffinage, dévolus au Cartel des Dix[64]. Klotz affiche ouvertement avoir voulu s'inspirer « des résultats de l'expérience qui s'est poursuivie au cours des hostilités ». Il présente les monopoles comme des « solutions [...] avant tout commandées par des questions de fait. » En effet, le ministre des finances, qui travaille aussi sur une « supertaxe » sur les bénéfices de guerre, ne peut que se féliciter du bilan fiscal du

64 Pour bien comprendre le rôle des Dix, il faut savoir qu'ils n'ont, pour la plupart, de « raffineur » que le nom. Non seulement ils n'explorent pas, ne produisent pas, ne transportent pas, mais ils ont même cessé de raffiner après 1893, au moment où les droits d'entrée des hydrocarbures sont revus à la baisse. En accord avec la Standard Oil, ils pratiquent le « crackingnage » (ou *cracking*), méthode qui consiste à chauffer un mélange issu d'essence minérale et d'huile de pétrole manufacturées aux Etats-Unis, pour séparer les parties volatiles (essences de pétrole) des parties lourdes (huiles de pétrole). De la sorte, le Cartel payait des droits d'entrée de 9 franc le quintal (tarif du brut), au lieu de 13,50 francs (tarif du raffiné). Dès 1904, la Standard détermine le prix et la quantité vendue par chacun. En résumé, les Dix étaient les distributeurs de la Standard en France.

consortium. Le contrat portant création du consortium indiquait qu'il ne pouvait exister au-delà des six mois suivant le traité de paix. Le gouvernement doit donc se prononcer sur le nouveau régime à adopter. Dans l'exposé des motifs, il annonce la couleur : l'Etat réfléchit à s'approprier durablement une part des bénéfices de cette activité. En outre, il annonce un futur projet de « régie cointéressée du raffinage, du commerce des huiles raffinées et essences de pétrole ». Dans l'attente, il demande aux députés de confirmer « une situation de fait qui a donné des résultats très satisfaisants tant en ce qui concerne les intérêts de la défense nationale et du trésor, que ceux des consommateurs[65]. »

Contre toute attente, les intérêts d'un parlementaire du milieu vinicole, M. Barthe, viennent durcir le texte. Celui-ci réunit Sembat, Groussier et surtout Paul Aubriot, le rapporteur devant les commissions budget et législation fiscale, pour soutenir avec lui un amendement nationalisant – le mot n'y est pas, l'esprit oui - purement et simplement la chaîne du pétrole dans son ensemble. Achat, importation, raffinage et même commerce du pétrole et de ses dérivés passent sous la coupe de l'Etat (article 1), qui rachète l'industrie et les moyens de transport qui en découlent (article 2). Une flotte de tankers doit assurer le ravitaillement national (article 5). La vente du pétrole et de ses dérivés revient à l'administration (article 8), dont le prix est fixé par l'article 9, par rapport à celui de l'alcool dénaturé que livre le monopole de l'alcool et qui possède les mêmes usages. La manœuvre consiste à éviter une mise en concurrence de l'alcool dénaturé avec le pétrole, par l'intermédiaire du monopole de l'alcool. L'amendement est

---

65 BÉRENGER, *op. cit.*, p. 270.

présenté le 7 juillet 1919. Ses chances d'être adopté sont quasi nulles.

En revanche, le projet de Klotz se montre plus difficile à démonter pour les raffineurs, expérience du conflit oblige : l'Etat est entré dans la partie. Hors de question, bien sûr, de laisser pareil amendement passer, mais le corps du rapport est plus solide. Les raffineurs français font donc appel à l'influence de la Standard Oil. Bedford n'hésite pas à faire intervenir les représentants du gouvernement américain à Paris. Il va jusqu'à intervenir lui-même auprès de Clémentel et Bérenger[66], menaçant de couper les ravitaillements de la France. Face à cette approche très agressive, les « deux ministres opposent qu'il s'agit d'une question de souveraineté intérieure dans laquelle le gouvernement n'avait pas à prendre l'avis, ni à connaître le bon plaisir d'un trust étranger », estimant que la Standard Oil ne proclame les « grands principes de liberté que pour mieux faire triompher son propre monopole. » Face à la rupture des approvisionnements américains liée à cet incident diplomatique, Deterding, à la tête de la Shell, permet au gouvernement de résister. Une situation de pénurie, après-guerre, serait catastrophique. Elle confirmerait la dépendance indiscutable de la France à l'égard des Etats-Unis. Les stocks permettent de tenir quatre mois. Fidèle à ses engagements, Deterding accepte d'augmenter les livraisons, bien que même cet approvisionnement complémentaire risque de ne pas suffire.

Bérenger rencontre à trois reprises les dix Maisons. Elles tentent de faire fléchir le gouvernement[67] les 16 juin, 16 juillet

---

66 J.O.R.F., Débats parlementaires, 10 juillet 1923. Intervention de Lamoureux. Cité par Nouschi, *ibid.*

67 NOUSCHI, *op. cit.*, p.138. Source : archives Desmarais, liasse II.

et 11 août 1919. Si elles affirment ne pas voir d'objection à ce que l'Etat joue un rôle dans le circuit pétrolier, Fenaille & Despeaux indique avoir déjà pris ses dispositions pour s'approvisionner directement. Les pétroliers semblent s'être faits, en surface seulement, à l'idée de l'intervention de l'Etat. Dans une note à Mallet, président de la Chambre Syndicale de l'Industrie Pétrolière, ils ouvrent la discussion et expriment leur position :

> *Nous sommes prêts à étudier avec l'Etat toute formule qui, en laissant aux industriels du pétrole, la conduite complète de leurs affaires et en sauvegardant de la manière la plus complète les intérêts des consommateurs, permettrait néanmoins à l'Etat de participer aux bénéfices des raffineurs.*[68]

Discussion au terme de laquelle ils entendent bien se réserver la part du lion. Les raffineurs ne sont pas tant opposés à l'Etat en tant que tel ; ils sont surtout inquiets de voir leur monopole, d'achat ou de vente, remis en cause. Le régime qu'ils proposent vise donc à contrer l'article 419 du Code Pénal, qui interdit toute entente commerciale de type oligopole, en se faisant de l'Etat un allié. Mallet fait une proposition : le consortium récupère le monopole de l'achat de pétrole. Après le prélèvement habituel des 6% au profit du capital engagé dans l'entreprise, le reste des bénéfices est partagé entre l'Etat et les entreprises, la proportion de cette répartition devant être définie dans une prochaine loi sur l'exploitation des mines. La proposition précise explicitement que les ententes commerciales sont possibles, notamment pour effectuer des économies

[68] *Ibid.*

d'échelle. Mallet estime que la bénédiction de l'Etat, c'est-à-dire son contrôle sur les exploitations, vaut garantie contre les articles 419 et 420 du Code Pénal. Enfin, Mallet demande la fin de la réquisition des bateaux-citernes : « les raffineurs se trouvent dans une très fausse position, du fait qu'il leur est interdit, jusqu'à nouvel ordre, de faire des importations, tandis que d'autres peuvent le faire.[69] »

Bérenger se trouve face à une proposition qu'il ne peut accepter. Ce serait institutionnaliser le Cartel des Dix, critiqué depuis trente ans, avec une bénédiction de l'Etat achetée par quelque pourcentage de bénéfices. Difficile d'obtenir des soutiens politiques sur une pareille position qui, de toute manière, ne satisfait pas le commissaire. De son côté, Bedford s'agace de voir Bérenger soutenu par la Royal Dutch. Il décide par conséquent de s'en prendre à l'un et à l'autre en les déjugeant par l'opinion publique et tente de briser par le chantage l'autonomie d'une flotte pétrolière française, qui irait à l'encontre de ses intérêts.

De son côté, alors que les élections - et son départ - approchent, Bérenger poursuit son travail. Dans une note[70] qu'il adresse au Commissaire général aux transports maritimes, il avertit que les besoins de la France en transport pétrolier s'élèvent à environ 265 000 tonnes. Quelques jours plus tard, le destinataire répercute la demande auprès du comité central des armateurs. Il y défend l'intérêt de mettre en place une flotte pétrolière. Fin décembre, la réponse est sans appel : le comité remarque que la production du pétrole américain est sous le

[69] *Ibid.*
[70] J.O.R.F., Proposition Boussenot, 3 juin 1920.

contrôle d'une firme qui semble décidée à exporter ses produits elle-même. Décider la construction de navires-citernes susciterait leur désapprobation et serait donc « dangereux ».

Une fois encore, l'influence de la Standard est sensible. Le gouvernement fait donc jouer de son autorité et mobilise ses ressources militaires : les cinq cuirassés en cours de construction sont convertis en pétroliers et l'Etat ouvre une ligne budgétaire spécifique à la construction de navires-citernes. En janvier 1920, le Comité général du pétrole vote une résolution pour la construction de dix pétroliers jaugeant 100 000 tonnes[71]. L'Etat a repris la main sur le transport. Dans le même temps, un autre affrontement a lieu, cette fois dans les médias.

Le tiers acteur : les médias

Les médias sont un instrument puissant pour influencer l'opinion publique. Il n'est donc pas étonnant que chaque partie se soit appuyée sur eux pour défendre son point de vue. La censure de la guerre levée, la presse paraît à nouveau en toute liberté ; les « blancs » des articles disparaissent des Unes. La presse magazine illustrée, les hebdomadaires politiques et la radio font leur apparition et se développent. Les périodiques traditionnels restent les plus influents. Au lendemain de la création du Commissariat général aux Essences et aux Combustibles, Bérenger multiplie les entretiens[72] avec *L'Auto, Le Matin, L'Eclair…*

---

[71] Archives Desmarais, liasse 13. Cité par NOUSCHI, *op. cit,* p.144.

[72] Entretiens compilés dans *Le pétrole et la France*, *op. cit.*

A partir de 1919, et parallèlement aux projets de lois sur la poursuite du monopole ou le retour au libre marché, le lobbying médiatique change de camp. La campagne de presse qu'orchestre la Standard Oil passe par des médias aussi divers que *Le Volant*, *L'Alimentation Française*, *L'Epicerie Française* pour la presse, ou par des brochures, comme celle qu'édite J. Mathieu pour l'Union des intérêts économiques. Si les arguments diffèrent parfois, l'objectif est toujours le même : déjuger Bérenger, le présenter comme un pourfendeur des libertés. L'impact de ce que Nouschi décrit comme une « formidable » campagne de presse de la Standard est difficile à évaluer et, lorsqu'elle est entendue, peut être contre-productive : les députés la dénoncent vivement à mesure que les papiers tombent, jour après jour. Si la presse est départagée entre les deux options, selon Charles Pomaret, contemporain du débat, les partisans de la liberté sont plus nombreux[73].

Parmi les arguments avancés[74] contre Bérenger, *Le Volant* s'interroge sur le patriotisme de Bérenger, lié à la Royal Dutch-Shell, elle-même liée à l'Allemagne : ses navires n'ont pas été torpillés pendant le conflit. Dès lors, *le Volant* s'interroge sur les raisons de préférer le trust de Deterding à la Standard. Même analyse dans les colonnes de l'*Alimentation Française* : face aux pétroliers, ces « requins », « vrais criminels uniquement inspirés par le goût du lucre et l'appât du gain », le « remède [...] serait des plus simples : il suffirait d'autoriser l'importation en franchise des raffinés en s'entendant au préalable avec la Standard Oil ». Ensuite, le monopole lèse les

---

[73] Charles-Henri POMARET, *La politique française des combustibles liquides: pétrole, charbon liquide, alcool, le carburant national*, Thèse pour le Doctorat, Université de Grenoble, 1922.
[74] NOUSCHI, *op.cit.*, p.141.

consommateurs en fixant arbitrairement des prix élevés. Le marché, en revanche, fixe un prix optimal au consommateur. Pour preuve, les profits avancés par Bérenger pour le consortium (35 millions de francs), n'ont pas été reversés au consommateur, mais au contraire prélevés sur son portefeuille. Enfin, *Le Volant*, qui titre « Le pétrole français : M. H. Bérenger va au tapis », reproche au Commissaire de ne pas avoir exploité, à l'instar des raffineurs, les ressources pétrolifères de la France et des colonies.

Les articles compilés par Bérenger paraissent, en 1918, avant la campagne de presse de la Standard, les 7 septembre (*L'Auto*), 19 septembre (*Le Matin*), 1er décembre (*L'Éclair*), 6 décembre (*L'Intransigeant*), 7 décembre (*L'Auto*, à nouveau), 28 décembre (*L'Information*) et le 28 janvier 1919 (*Le Matin*, à nouveau). Quelques chiffres de 1912 permettent d'éclairer sur leur envergure : *le Matin* tire à 647 000 exemplaires, *l'Eclair* à 77 000 et *l'Intransigeant* à 46 000.

Le premier article paraît dans *l'Auto*. Le journal *Le Vélo*, premier journal sportif, ayant pris parti pour Dreyfus, son principal annonceur, le Comte de Dion, qui est anti-dreyfusard, crée un journal concurrent, *l'Auto-Vélo*, qui deviendra ensuite *l'Auto*, publié sur feuille jaune[75]. Pour accroître sa notoriété, il crée le Tour de France en 1903, qui fait disparaître *Le Vélo* l'année suivante. Ce média n'est donc pas sans importance. Le papier relate un entretien avec Bérenger. Aucun contradicteur n'a été interrogé, mais certaines inexactitudes – Bedford nommé « Badford », Bérenger présenté comme Haut-Commissaire au lieu de Commissaire général – montrent que

[75] Couleur qui donne son nom au « maillot jaune » en 1919.

Bérenger n'a pas effectué de relecture du papier avant publication ; ce n'est donc pas non plus un papier de complaisance. L'auteur fait d'ailleurs preuve de prudence. « Devons-nous nous réjouir ? » interroge-t-il d'emblée, à l'annonce de la création du Commissariat général aux Essences. Répondant à sa propre interrogation, il prévient : « On jugera sous peu des résultats qu'il [Bérenger] aura obtenus dans ses nouvelles et importantes fonctions. » Revenant sur la crise d'approvisionnement de l'hiver 1917, il incrimine en premier lieu l'Etat, pour son manque d'anticipation et sa fiscalité douanière pénalisante, puis le Cartel des Dix. Dans l'ensemble, le papier semble plutôt favorable à Bérenger, sans être hostile aux raffineurs. Parlant du « comité des pétroles », composé de Bérenger et des raffineurs Fenaille ou Deutsch de la Meurthe, il précise : « A la tête de ce comité, qui ne compte – il convient de le faire remarquer – que des personnalités compétentes et des « gens de la partie », a été placé, comme président, M. Henry Bérenger ». le journaliste respecte donc l'équilibre des forces. Dans le papier de décembre, Bérenger répond à une lettre publiée dans les colonnes de *l'Auto*, et notamment certaines critiques. Le journal n'exclut donc pas la contradiction.

Deux autres articles paraissent dans *Le Matin*. Au lendemain de la guerre, les quatre grands journaux d'information du matin que sont *Le Journal, Le Petit Journal, Le Petit Parisien et Le Matin,* se constituent en consortium, géré par l'agence de presse et de publicité Havas. Là encore, le média présente un intérêt du point de vue de son impact. En septembre, Bérenger revient une fois encore sur la crise d'approvisionnement et souligne : « Le front n'a jamais manqué de carburant. » L'article se limite à une introduction au texte de Bérenger. De ce fait, parler de « tribune » serait plus juste ; le papier est donc très largement favorable à Bérenger. Le second papier du *Matin* est aussi le dernier des articles recensés par Bérenger. En janvier 1919, il titre « La fin d'une crise – Plus de restriction d'essence, plus de restriction de pétrole ». Le sous-titre laisse augurer de la tonalité de l'article : « Ce sont les étrennes de M. Henry Bérenger, commissaire général aux pétroles, à la population française. » Comme le remarque George Béret, l'auteur, les déceptions sont grandes à mesure que la population réalise que l'armistice n'a pas réglé tous les problèmes : chômage, prix élevés, rareté du charbon. C'est dans ce contexte de désillusion de l'après-victoire que Bérenger annonce, pour la nouvelle année, la fin des restrictions : « Finies, les supplications aux chauffeurs de taxis, les stations interminables sous la pluie. » A la question « comment se fait-il que, malgré l'appoint de la production nationale, il y ait une crise de ces matières (blé, sucre, charbon) et qu'il n'y ait plus, quarante jours après l'armistice, de crise du pétrole », sachant que la consommation de l'armée a continué d'augmenter ? Une fois encore, Bérenger marque un point avec la réponse du journaliste : « La France a eu une « politique du pétrole » coordonnée, dirigée, à travers mille difficultés, vers le but aujourd'hui atteint. » Plus loin, rappelant les chiffres rassurants des stocks d'essence, l'auteur estime que pour « d'autres produits, de tels chiffres seraient de nature à calmer bien des inquiétudes. Mais [...] Henry Bérenger eût considéré comme insuffisante une telle situation. Il a voulu et obtenu mieux. »

L'un des articles paraît dans *l'Eclair*, journal d'opinion de droite. L'entretien est relativement court et tient dans la conclusion : « Dès maintenant, conclut M. Henry Bérenger, vous pouvez donc rassurer la population. Nous avons, et nous aurons toujours, de l'essence et du pétrole en grandes quantités. » Les lecteurs peuvent alors associer son nom à la fin des restrictions. *L'Intransigeant* est aussi un journal de droite ;

c'est surtout le plus grand journal du soir des années 1920. Bérenger répond aux critiques formulées sur les inégalités territoriales, le Finistère, en particulier, s'estimant lésé. Le papier est neutre et ne semble pas s'émouvoir de l'annonce d'une future levée des restrictions (l'article paraît début décembre).

Enfin, un dernier article paraît dans *l'Information* (50 000 exemplaires durant l'entre-deux-guerres). Le journal rend un hommage appuyé au travail de Bérenger, ce « représentant habile, éloquent et tenace de la France. » Le journal cite des passages de son allocution lors du dîner offert à la conférence interalliée par le gouvernement britannique à Lancaster House, « tout un programme de haute politique économique, qui, s'il se réalise, servira en même temps que nos intérêts ceux des nations alliées. » Parmi ces propositions, l'auteur relève l'idée d'une « association interalliée des matières premières », indispensable pour la création d'une Société des nations. Enfin, les « étrennes de pétroles », le terme est de Bérenger, confirment le journaliste dans l'idée que « cette politique a déjà fait ses preuves », appréciation intéressante au vu des vifs débats sur le monopole qui se multiplient les années qui suivent.

Le Journal des Débats (26 000 exemplaires en 1912), figure parmi la presse centriste de qualité, est très lu pour ses chroniques, et dispose d'une influence importante. Le 30 octobre 1920, on pouvait lire dans ses colonnes une prise de position clairement pour le retour à la liberté de marché :

> *Nous croyons qu'il y a le plus grand intérêt pour le consommateur français à ce que la concurrence des grandes compagnies s'exerce sur notre territoire. C'est*

par la concurrence, c'est par la liberté commerciale, que seront abaissés les prix de vente ; ce n'est pas par le monopole total ou partiel.[76]

Le journal n'est pas pour autant contre une compagnie nationale ; il y est même favorable et estime que la France doit se doter de ressources pétrolifères propres.

Durant l'entre-deux-guerres, l'Union des intérêts économiques est la structure d'influence la plus efficace du monde de l'entreprise. Son intitulé exact est « l'Union des Intérêts Economiques, pour la Liberté du Commerce et de l'Industrie, la Défense de l'Initiative privée et contre l'extension des monopoles d'Etat ». Créée en 1909, elle a pour objectif de lutter contre toute ingérence de l'Etat, ou, selon ses propres termes, de « lutter contre toutes les tentatives de violation de la liberté commerciale ». Présentée comme une « organisation [qui] permet aux chefs de groupements fédérés de se concerter pour étudier les conditions législatives, économiques et sociales les plus favorables à la prospérité de leurs corporations et pour en défendre les intérêts généraux par toutes les voies légales », elle se pose explicitement comme union de « groupements corporatifs », pour reprendre l'une des appellations en usage à l'époque.

Son instrument de propagande est le « Réveil Economique », publication qui se définit elle-même comme « un organe de défense et de combat ». C'est dans ce cadre que Jean Mathieu publie *Le monopole du pétrole*, en 1919, en plein cœur du débat sur le devenir du consortium pétrolier. Cette

---

76 *Ibid.*

brochure est une bonne synthèse de la position des tenants du libre marché et mérite que l'on s'y attarde. La perception de Mathieu est radicalement opposée à celle de Bérenger. Confronter ces deux visions du monde permet notamment de déceler des incompréhensions réciproques. Selon lui, la France victorieuse sur le plan militaire est menacée par la banqueroute, c'est-à-dire la défaite sur le front économique. Son style est lyrique et il met en garde ses lecteurs contre « une condition pire que la mort : *le servage.* »

Ce qu'il appelle « la Doctrine des Monopoles » est pour l'auteur une « doctrine simpliste » qui consiste à créer un « impôt déguisé » illégitime, puisque non voté par le Parlement. Autre argument, ce monopole sera supporté par les « classes laborieuses ». Elles seules consomment du pétrole lampant, « la lumière du pauvre », et l'augmentation du prix de l'essence empêchera une démocratisation des transports à l'américaine, « où l'on trouve une automobile par 24 habitants. » Les paysans, affaiblis durant la guerre, verront la motoculture paralysée. Il précise aussi que les Allemands, pourtant « étatistes », ont renoncé au monopole du pétrole, « car ils se rendaient compte qu'en définitive ce monopole devait retomber de tout son poids sur les classes laborieuses ».

Mathieu fait appel avant tout à l'argument fiscal. A Klotz, qui dénonçait les profits excessifs de quelques-uns, Mathieu répond « que la concurrence créée par le commerce libre limite les profits excessifs. » En revanche, il estime que rien ne peut limiter la cupidité d'une « bureaucratie routinière, dépensière, incapable et irresponsable, maîtresse absolue d'un produit dont elle fixe elle-même le prix de vente ». Or, il craint que cet impôt, trop élevé, ne conduise à une réduction de la consommation de l'essence, « atteinte portée à la vitalité des industries » et ne lèse une nécessaire rénovation industrielle. Se penchant sur le projet de loi du 17 juin, Mathieu s'inquiète de voir l'Office créé pour le monopole se muer, comme le promet Bérenger, en direction, puis en sous-secrétariat d'Etat, puis en « ministère des carburants », véritable « Etat dans l'Etat », avec « son autonomie financière, sa marine, ses travaux publics, son agriculture ». Prenant à témoin les 35 millions de francs que Bérenger estime avoir rapportés à l'Etat, Mathieu considère que cette manne a été prélevée sur le consommateur, et non l'importateur. Il observe que, depuis l'armistice, le taux des frets a baissé de 300%, que les assurances de guerre ont été supprimées et que le prix de l'essence aurait pu baisser de 20 francs par hectolitre. Or, en 1919, il a été consommé 1 500 000 hectolitres. « C'est une majoration de 30 millions que le commerce libre n'aurait jamais pu s'attribuer et qui a été perçue par l'Etat. C'est donc bel et bien le consommateur qui a payé. »

Il conteste la création du consortium, estimant que le commerce libre avait rempli son rôle durant les quatre premières années de la guerre. Paralysés par les réquisitions et les torpillages, les importateurs ne pouvaient plus affréter d'essence. Or, au lieu de les aider à remplir cette mission, l'Etat a préféré instituer le consortium, qui aboutit « à la destruction de la propriété et de l'initiative privée ». De même, il craint de voir « le petit et le moyen commerce, la petite et la moyenne industrie […] immolés sur l'autel de la *concentration.* » Il qualifie les défenseurs des monopoles d'Etat de « néo-étatistes », plus dangereux que « les bons rêveurs socialistes » en ce qu'ils sont « en train de confectionner au socialisme des bottes de sept lieues ».

Pour Mathieu, l'expérience des consortiums fut « désastreuse et les abus criants », et il voit en eux

« incontestablement une des causes de la vie chère. Aussi furent-ils tous supprimés à l'exception d'un seul, celui du pétrole que, dans sa pensée, le Gouvernement voulait transformer en monopole ». Sur l'hypothèse d'un monopole commercial, il met en garde : l'Etat ne cherche encore qu'à se créer de nouvelles ressources.

> *Un monopole* commercial *doit certainement procurer des ressources à l'Etat, mais il devrait aussi abaisser pour le consommateur, c'est-à-dire pour la collectivité, le coût du produit, sinon, le monopole n'est plus « commercial », mais « fiscal ». C'est le monopole du tabac et des allumettes qui fait payer au consommateur sept ou huit fois le prix de revient de la marchandise. C'est l'impôt indirect occulte et déguisé qui frappe la collectivité.*

Mathieu dénonce une mauvaise réputation de l'ingérence de l'Etat dans le commerce : « l'ingérence de l'Etat est condamnée partout. » Il imagine le ministère des Carburants avec un nombre considérable de fonctionnaires dans un « Palais coûteux ». Face à une entente sur les prix entre la Standard Oil et la Royal Dutch-Shell, il estime l'Etat incapable d'agir, contrairement au libre commerce. Il achètera donc au prix fort et continuera à dégager des ressources fiscales. Mathieu craint donc un coût de l'essence élevé dans ces conditions.

Il conteste les « revenus excessifs » qui seraient ceux des raffineurs. Si l'huile raffinée est achetée à 7,40 francs à New-York et vendue à 30,50 francs à Paris, c'est parce qu'il convient de compenser « le montant du frêt, les déchets de route, les assurances, les commissions aux agents et les droits de douanes ». Le monopole ne serait pas plus profitable du point de vue des relations extérieures. La politique a ses raisons que le commerce ne connaît pas.

> *Si nous favorisons tel groupe de producteurs aux dépens de tel autre, nous sommes certains de nous attirer des représailles de la part des Etats dont nous aurons délaissé les ressortissants et si, pour des considérations étrangères à la fourniture de pétrole, nous nous adressons aux plus puissants, n'allons-nous pas courir le risque de payer beaucoup plus cher nos marchandises ?*
>
> *On nous répétera sans doute que le Monopole du pétrole intéresse la Défense Nationale. Nous demandons alors s'il est bien sage de nous mettre à la merci d'un grand Etat pour une fourniture qui, comme le pétrole, a été un facteur si important dans le succès de nos armes.*

Enfin, Mathieu estime qu'il ne faut pas se laisser émouvoir par la forme plus « modern-style » du monopole, en Société Anonyme, avec un Conseil d'Administration auquel participeraient les industriels. Le problème reste : les bureaucrates remplacent la concurrence. La lourdeur administrative serait incompatible avec le dynamisme nécessaire du monde économique : « quand une affaire demandera une solution urgente, [les fonctionnaires] opposeront leur veto, diront qu'ils ne peuvent s'engager sans en référer à leur administration ». En définitive, Mathieu refuse de croire en une telle institution, « parce qu'elle portera en soi des vices absolus : la peur des responsabilités, le défaut d'autorité, l'anonymat et l'incompétence. »

La charge est lourde, bien que de toute évidence le trait soit forcé. L'enseignement reste précieux, tant il expose la vision du débat du côté d'une industrie qui suit le débat au Parlement de très près.

Dans le même esprit, la Chambre syndicale de l'industrie pétrolière diffuse une note sur les services rendus à la nation pendant la guerre, au moment où le débat sur le devenir du consortium s'enlise au Parlement[77]. Elle estime qu'avant la guerre, les approvisionnements étaient nettement à la hauteur des besoins, et vendus « à des prix modérés ». La note rappelle que si les raffineurs ont dû laisser la main à l'Etat, c'était en raison de l'entrée en guerre des Etats-Unis, de la guerre sous-marine totale et de l'explosion des besoins (« le fantassin désapprend la marche »). Même à ce moment, les importations se sont faites avec leur aide, tandis qu'ils continuaient à fournir le toluol pour fabriquer les explosifs. En conclusion, pour la Chambre syndicale :

> *On ne peut dire quels seront dans l'avenir les résultats du monopole, s'il existe jamais. Il est certain que la liberté, dans le passé, avant la guerre comme pendant les trois premières années de guerre, a été profitable au pays.*

D'autres formations emploient les médias, ou publient des ouvrages, pour diffuser leurs idées. Parmi elles, il faut noter la revue *Le Producteur*, fondée par les saint-simoniens, qui s'intéresse à la question.

---

77 Cité par Nouschi, *La naissance de la CFP*, p.150. Source : Archives Desmarais, liasse 12.

Les disciples de Saint-Simon sont favorables à une politique industrielle active et sont décidés à lutter contre « l'anarchie industrielle » que propose selon eux le libre marché. Ils plaident en faveur des regroupements d'intérêts économiques pour réaliser des économies d'échelle, gagner en compétitivité et gérer la répartition des matières premières ou des marchés. Ils insistent sur le rôle des banques et s'interrogent sur le rôle de l'Etat. Le « régulateur universel » doit intervenir, mais « administrer en gouvernant moins[78] », ce qui signifie accepter la participation des entreprises intéressées et compétentes.

L'entre-deux-guerres doit voir cette troisième voie se développer, entre capitalisme individualiste et administration bureaucratique des monopoles. Les socialistes qui s'inscrivent dans cette lignée défendent, avec Léon Jouhaux, un « nationalisme industrialisé », qui soustrait l'entreprise à la concurrence, lui épargne l'étatisme écrasant, en fondant des « entreprises de coopération avec l'Etat », qui conserve une part de contrôle (Bernard Lavergne), pour bâtir un « quatrième pouvoir » qui signe la fin des méthodes régaliennes désuètes (Maxime Leroy). En résumé, lutter contre les féodalités industrielles, en employant pour l'intérêt général les méthodes du privé (Léon Blum), pour fonder « une économie qui ne se rapproche point de l'économie socialiste et s'éloigne de l'ancienne économie libérale » (André François-Poncet)[79]. Celui qui étudie la question pétrolière en particulier, Francis Delaisi, est journaliste, écrivain et économiste. Dans *le*

[78] Célestin BOUGLÉ, *Socialismes français. Du « socialisme utopique » à la « démocratie industrielle »*, Paris, Armand Colin, 1932.
[79] Citations puisées dans l'ouvrage de Célestin BOUGLE, *ibid.*

Producteur (10 août 1920) et dans son ouvrage, *Le Pétrole*[80], ses critiques sont efficaces, car bien informées. Il critique les accords de San Remo qui livrent l'industrie pétrolière de la France à l'Angleterre, quand les Etats-Unis ont été d'un grand secours durant le conflit[81] : le gouvernement s'est trompé d'alliés.

> *Notre diplomatie jusqu'ici a surtout fait appel à l'argument sentimental. Evoquant les larmes dans la voix nos 1 500 000 tués et nos régions dévastées, elle n'a fait que tendre aux Américains le casque de Bélisaire en les priant de déposer l'aumône de quelques milliards. Mais tout en quémandant beaucoup, elle refuse le peu qu'on lui demande. C'est faire beaucoup d'honneur à l'esprit d'abnégation de nos amis américains, et ils ont assez prouvé qu'ils y étaient sensibles.*
>
> *Malheureusement, les hommes d'affaires, généreux à l'occasion, ne sont ni des saints, ni des imbéciles ; ils ne sont pas disposés à priver leur industrie de capitaux dont elle a grand besoin, pour les prêter à une nation qui leur refuse l'accès des quelques ressources utiles dont elle dispose, et qu'elle donne libéralement à leurs concurrents.*

Ultime argument, l'alliance franco-britannique risque d'encourager une alliance germano-américaine.

---

80 Francis DELAISI, *Le Pétrole. La politique de la production*, Paris, Payot, 1921.

81 Cité par Nouschi, *op. cit.*

Les groupes de pression au cœur du débat

A ce stade du débat, les alliances sont connues, les lignes de partage sont marquées et les affrontements trouvent trois scènes : l'hémicycle, où les projets de loi n'ont pas fini de se multiplier, la Roumanie, qui voit la montée en charge du rôle des banques d'affaires et les médias, dont les principaux restent prudents lorsqu'ils donnent tribune à la Standard. Cette dernière, pourtant, ne fait pas l'économie de moyens lorsqu'il s'agit de se faire entendre.

L'existence de ces trusts étrangers déplaît à la presse, l'opinion et aux politiques, c'est pourtant une forme économique nécessaire pour survivre dans ce secteur. Comme le fait remarquer Edgar-Faure[82], de la production au commerce, et en particulier l'exploitation, les risques sont importants. Les investissements longs et coûteux nécessitent des capitaux qui conjuguent patience et hardiesse. Seules des organisations puissantes et complexes sont en mesure de répondre à ces exigences. Edgar-Faure estime même qu'il est difficile pour un trust de s'en tenir à son activité commerciale :

> *Il sera naturellement sollicité de déborder son rôle, de s'immiscer dans les questions politiques, fût-ce pour s'assurer dans la réglementation émanant des autorités publiques les aménagements susceptibles de favoriser ses affaires. Si l'Etat a une politique du pétrole, les maîtres du pétrole auront une politique dans l'Etat.*

---

82 Edgar-FAURE, *Le Pétrole dans la paix et dans la guerre*, Paris, Editions de la Nouvelle Revue Critique, 1939, pp.40-41.

Or, les actionnaires des trusts sont ressortissants d'un pays et peuvent faire des choix au sein du trust en fonction de leurs convictions nationales, tout comme ils peuvent faire appel à l'Etat pour défendre le trust. Edgar Faure en conclut : « il n'existe aucune étanchéité entre ce qui est public et ce qui est privé, ce qui est commercial et ce qui est politique. »

Les deux camps sont donc partis dans une guerre de tranchées, médiatique, économique, politique et financière. Chaque partie dispose d'une influence importante, sans doute équivalente à la partie adverse. Pour le moment, l'avantage est au consortium, bien qu'il reste menacé. Le dernier tour doit se jouer à la Chambre, où les députés doivent trancher, car l'opinion publique et la presse s'impatientent. Pourtant, malgré cette pression et bien que la Chambre dispose d'une forte majorité, gouvernement et Chambre se renvoient la responsabilité de décider du destin pétrolier de la France.

Troisième partie

La naissance de la Compagnie Française des Pétroles

La création de la CFP est difficile : pressés par l'opinion publique, députés et gouvernements sont sommés de trancher le régime pétrolier que le pays doit adopter. Pris entre des clivages idéologiques et l'ombre des trusts, les élus repoussent les projets les uns après les autres. Avant la guerre, quatre projets sont enterrés, en 1901, 1903, 1910, puis 1914. Après le conflit, onze projets (sans compter les rapports) vont se succéder sur le bureau des députés : en 1919, projet de monopole par Klotz et Bérenger ; en 1920, proposition de Millerand de rendre au marché sa liberté, rapports Leboucq et Lamoureux (qui présentent les quatre options ouvertes aux députés), proposition Boussenot-Barthe-Lamoureux d'un Office spécial du pétrole, proposition Aubriot-Levasseur d'un Office national des essences et pétroles, régie détenue à 60% par l'Etat, propositions Gourin-Rocher, Leygus, Herriot-Lamoureux, un autre encore propose une liberté contrôlée ; en 1921, proposition Herriot d'un Office national du pétrole ; en 1923, projet de consortium par Lamoureux, enfin en 1924, « projet de loi relatif au régime du pétrole et portant création d'un Office National des Combustibles Liquides ». L'année 1920 marque une accélération du débat : sept projets et deux rapports seront soumis à la Chambre. Plusieurs modèles sont proposés, du monopole au retour au libre marché, en passant par le consortium. Un rapide tour d'horizon des expériences des autres pays dans leur relation entre Etat et marché montre que ces modèles restent très théoriques : chaque pays a son histoire, ses rapports de force et surtout un paysage économique propre.

L'expérience du pétrole à l'étranger

La géopolitique mondiale, avant, pendant et après la première guerre, est très largement dominée par deux trusts puissants, la Standard Oil et la Royal Dutch-Shell. L'existence de ces compagnies représente des écrans bienvenus pour les gouvernements qui s'affrontent dans la course au pétrole. Effectuer un tour d'horizon de la situation des autres pays sur la question pétrolière renvoie une nouvelle fois au lourd retard qu'a pris la France dans ce domaine.

Les Etats-Unis et la Standard : unis à l'extérieur, ennemis à l'intérieur

« Un Etat dans l'Etat » : l'expression copieusement employée pour qualifier la Standard Oil, le trust le plus puissant au monde, en dit long sur l'envergure qu'a prise l'entreprise de Rockfeller. Elle met aussi en évidence l'ambiguïté dans laquelle se trouve le gouvernement. Il dispose sur son sol d'une puissante arme de conquête économique, qui domine longtemps le marché de l'Or Noir. Cette puissance est telle qu'elle devient encombrante pour le pouvoir.

L'entreprise fait donc l'objet à deux reprises de mesures anti-trusts ; la première en 1892, la seconde en 1911. En 1881, Rockfeller était parvenu à fédérer 39 entreprises pétrolières, constituées en « Standard Oil Trust[83] » l'année d'après. Lorsqu'elle est sommée de se dissoudre, « la Standard » prend la forme d'une hydre à 40 têtes. Chacune prend le nom de Standard et ajoute un nom de territoire, comme la « Standard

[83] C'est la première fois que le mot « trust », jusque-là couramment employé de manière informelle, apparaît dans une raison sociale.

Oil of New-Jersey[84] » - de très loin la plus puissante d'entre elles, la « Standard Oil of New-York[85] », ou la Standard Oil of California[86] ». Avant la guerre, elle a déjà inondé le marché européen avec ses filiales, dominant notamment le Cartel des Dix. Alfred Bedford, qui a quitté la présidence de la Standard Oil of New-Jersey, prend la tête du « Board of Directors of Standard Oil Cies », le puissant Conseil d'Administration du trust. A chaque dissolution, plusieurs sociétés existent formellement, mais la Standard demeure. Toutefois, ces décisions l'ont sans doute affaiblie et ont profité à sa concurrence. Et si, entre ces filiales, la concurrence n'a émergé que très lentement, elle s'est peu à peu et timidement installée.

Après la guerre, pourtant, la Standard reste en situation de monopole aux Etats-Unis. Les petites entreprises qui gravitent autour de ce marché ne parviennent pas, toutes réunies, au cinquième des ressources que possède la Standard en pétrole. Pour Pierre L'Espagnol de la Tramerye, son succès est dû à une solidarité nationale :

> *Si la « Standard » est montée si haut, c'est parce qu'elle était une Entreprise Nationale. Chaque Banque, chaque Compagnie maritime, chaque Chemin de fer aux Etats-Unis était intéressé au succès du trust, car cette grande corporation exportait* [...] *et faisait rentrer* [...] *plus de 100 millions de dollars.*

---

[84] Future « Exxon ».

[85] Future « Mobil ».

[86] Future « Chevron ».

« Qui s'attaque à la « Standard » s'attaque au Gouvernement Fédéral lui-même. » Le gouvernement s'attache en effet à une politique du pétrole très active. Avant la guerre, le Sénat américain crée l' « United States Oil Corporation to develop new petroleum fields », afin de déceler de nouveaux lacs de pétrole. A sa création, la Standard – et c'est l'idée géniale de Rockfeller – se consacre au transport et à la construction de pipe-lines, mais ne s'intéresse pas à la production et l'exploration. Les producteurs doivent nécessairement faire appel à ses moyens de transport dans les grands centres, qui permettent des économies d'échelle. Ayant le monopole, le marché étant inélastique, il peut pratiquer des marges colossales. Après la guerre, la Standard est en position de force : elle s'est montrée étroitement alliée au gouvernement en temps de crise et, dénigrée avant la guerre, devient l'un de ses alliés après le conflit.

Bedford fait largement appel au gouvernement américain pour appuyer les Américains qui sollicitent dans le monde des concessions pétrolifères. Wilson, qui se méfie des trusts, accorde cet appui, conscient que la question pétrolière dépasse les intérêts de la compagnie.

En résumé, l'Etat et la Standard entretiennent une relation très ambiguë, le gouvernement cherchant les bénéfices de la Standard et s'en servant comme arme économique, tout en craignant son pouvoir, tandis que la Standard, tout en contrant les attaques légales du gouvernement, sollicite son appui – et l'obtient. Adversaires à l'intérieur, ils s'allient à l'extérieur.

Alliance qui porte ses fruits : très tôt, les Etats-Unis montrent l'exemple avec une puissante flotte commerciale, qui consomme 15 millions de barils en 1911. Leur position de premier producteur au monde (443 millions de barils annuels en 1920 pour une production mondiale totale de 684 millions), suivis du Mexique (551 millions en 1920) et de la Russie (24 millions en 1920, la Région de Bakou s'épuise rapidement) les conforte dans la stratégie d'investir massivement sur « l'huile de pierre ». Ils développent notamment considérablement l'automobile et, en 1920, leur consommation a augmenté de 25%. Cet engouement a ses limites : la même année, la production, déjà insuffisante, ne progresse plus que de 11%. Leurs réserves ne suffisent plus à leur propre consommation et doivent donc se reposer sur le Mexique.

Enfin, leur influence sur le marché est considérable :

> *C'est le dollar qui est devenu la monnaie du pétrole. Actuellement, le pétrole roumain rendu en Hongrie s'y vend au même prix que le pétrole américain. Les cours sont donc imposés au monde entier par New-York*[87].

Seul le mouvement du *progressivism*, esprit de réforme né des nouveaux rapports sociaux et économiques de la révolution industrielle, a su inquiéter le géant du pétrole. Portant un souci de justice sociale, des préoccupations environnementales, la protection du consommateur, la lutte contre la corruption, les partisans de ce courant veillent au contrôle des grandes entreprises et font appel au gouvernement pour qu'il rétablisse la concurrence. Actifs des années 1890 aux années 1910, ils obtiennent les deux « démantèlements » de la Standard. A regarder de plus près, les « progressivistes » sont très partagés

---

87 *La lutte mondiale pour le pétrole,* p.44.

sur le modèle à adopter. Les uns, dont Woodrow Wilson, estiment que les trusts nuisent à la concurrence, facteur de progrès, il faut donc les démanteler. A l'opposé, d'autres estiment, comme Theodore Roosevelt, que les compagnies puissantes donnent au pays une puissance et des ressources que ne pourraient fournir les petites entreprises. Un courant plus socialiste préfère voir l'Etat prendre des parts dans les grandes entreprises qui ne sauraient être motivées par l'intérêt général. Enfin, une tendance libérale estime que l'intérêt général ne peut émerger que de la confrontation des intérêts particuliers.

La Standard résiste à l'explosion, même si la concurrence fait son apparition. Elle est repliée sur le marché états-unien et la découverte de gisements dans le Caucase et l'Europe orientale ne tarde pas à remettre sa domination en jeu.

La Grande-Bretagne : un trust au côté d'une compagnie étatiste

Comme les Etats-Unis, l'Angleterre a très tôt saisi les enjeux de la course au pétrole. Rapidement, elle dépense des sommes importantes pour développer l'exploration et n'hésite pas à remettre en cause une puissance qui reposait sur le charbon. La transition énergétique s'est donc bien passée. C'est aussi la nation qui a été la plus habile, lorsqu'il s'est agi de construire une politique pétrolière à partir de rien, ou peu.

Face à l'envahissante Standard, qui s'emploie à investir les marchés européens, une organisation est créée, avec pour objectif particulier de lutter contre le trust. Surtout, Londres dispose de la Royal Dutch-Shell, soutenue par les Rothschild, l'un des deux plus grands trusts au monde, la seule à parvenir à contester à la Standard son monopole. Elle répond sur le terrain européen et parvient également à s'imposer sur le terrain de son adversaire : aux Etats-Unis.

En 1902, les Rothschild, le transporteur de coquillages Marcus Samuel, fondateur de la Shell Transport, et la compagnie néerlandaise Royal Dutch, créent l'Asiatic Petroleum. Chaque partie détient un tiers de la compagnie nouvellement créée. En 1907, la Royal Dutch-Shell naît et consacre ses actifs à deux compagnies, l'Anglo-Saxon Petroleum, pour le transport et la vente, et la Compagnie Batave des Pétroles, pour la préparation et la production. Elle s'impose au niveau international grâce à la tactique habile de Henry Deterding, surnommé « le Napoléon du Pétrole », ou encore « l'homme le plus puissant au monde ». Il parvient en Chine, au terme d'une guerre des prix longue et coûteuse, à s'imposer sur un marché considéré comme exclusif par la Standard. Il développe l'exploration, multiplie les affrontements avec la Standard, et parvient à s'implanter sur le territoire américain en fédérant les entreprises restées à la marge. En 1919, la Shell met 750 000 actions sur le marché de New-York. Attirés par sa réussite, de nombreux Américains souscrivent et s'intéressent à sa prospérité. En 1920, un tiers de sa production vient des Etats-Unis. En 1918, Deterding s'empare des sources du Mexique et du Venezuela, augmentant sa production de 50% et privant la Standard de la voie qui permet d'alimenter l'Amérique du Sud.

La Royal Dutch-Shell bénéficie de l'appui de deux gouvernements : les Pays-Bas et la Grande-Bretagne. Elle bénéficie aussi d'une meilleure image que sa concurrente. Audacieuse, quand la Standard est agressive, elle a transformé le monopole mondial de Rockfeller en duopole, grâce à des meneurs habiles, capables de prendre de gros risques, comme

Deterding ou Calouste Gulbenkian, le « Talleyrand du Pétrole », soutenus par les fonds considérables des Rothschild.

Parallèlement, le gouvernement britannique détient 51% des parts de l'Anglo-Persian Oil Company[88]. Créée pour exploiter le premier gisement découvert au Moyen-Orient, la Compagnie, exsangue après des investissements colossaux, est achetée par le gouvernement britannique en 1913, qui souhaite sécuriser ses approvisionnements, et devient ainsi la source d'approvisionnement principale de la marine royale durant le conflit. Pour Winston Churchill, l'objectif est à la fois d'éviter un rachat par la Royal Dutch-Shell pour diversifier les approvisionnements, et de maîtriser les prix à l'approche d'un conflit qui s'annonce énergivore. De la sorte, si l'Allemagne envahit les Pays-Bas, les Britanniques pourront continuer de s'approvisionner. Pour Churchill, difficile de convaincre la Chambre des Communes de prendre des parts dans une entreprise privée, à plus forte raison d'en devenir l'actionnaire majoritaire. Les arguments qu'il emploie alors devant la Chambre des Communes ne sont pas sans rappeler ceux d'un Bérenger :

> *Sans pétrole, l'Angleterre ne recevra plus ni maïs, ni coton, ni toute autre matière nécessaire au fonctionnement de son économie. L'Amirauté doit pouvoir contrôler le pétrole à la source ; elle doit pouvoir transporter, raffiner et transporter le pétrole.*

Cependant, en aucune mesure le gouvernement britannique n'exprime de défiance à l'égard de la Royal Dutch-Shell. Le

[88] Future « BP », détenue par le gouvernement britannique jusqu'en 1987.

trust est largement soutenu par Londres et convient de nombreux accords avec l'entreprise d'Etat. En surface, le gouvernement britannique feint de s'inquiéter de la montée en puissance de la compagnie, pour mieux brouiller les cartes.

L'adversaire du gouvernement britannique est bien la Standard. Dès la fin de la guerre, il crée la « British Controlled Oilfields », dont le but avoué est de lutter contre le trust américain. Son appui est précieux pour la Shell. Elle multiplie les concessions et va jusqu'à fomenter une révolution au Costa Rica pour obtenir des terres. A cela s'ajoute une stratégie efficace, consistant à

- interdire aux étrangers de posséder ou exploiter des champs pétrolifères dans l'Empire,
- faire participer directement l'Etat au capital et à la direction des compagnies,
- empêcher les sociétés britanniques de céder leurs propriétés ou entreprises à des entreprises contrôlées par des étrangers,
- publier des décrets interdisant le transfert d'actions à d'autres que des sujets britanniques[89].

Ce protectionnisme complète un expansionnisme qui permet à la Couronne d'Angleterre d'acquérir un empire pétrolier durable.

---

89 Cette analyse, du Ministère des Affaires étrangères américain, est présentée par Wilson le 17 mai 1920, à la demande du Sénat, inquiet de voir des prospecteurs arrêtés par les autorités britanniques dans leurs colonies.

L'Allemagne : empire naissant, brisé par la guerre

L'Allemagne développe très tôt et à grande échelle le diesel : ses sous-marins étaient tous au diesel pendant la guerre, et en 1917, M. Ballin, grand ami de Guillaume II, décide la construction d'une flotte de grands navires munis de moteurs à combustion interne[90].

Un trust allemand fait son apparition avant la guerre : l'Europeanische Petroleum Union. Le conflit lui porte un coup fatal. En 1906, la Société Nobel Frères passe sous contrôle de la « Deutsche Bank » et de la « Disconto Gesellschaft », pour fonder à Brême un trust, « l'Europeanische Petroleum Union », parvenu à fédérer les intérêts européens pour dominer le continent de 1911 au début de la guerre[91]. De plus, la Deutsche Bank prend des parts importantes dans la stratégique « Turkish Petroleum Company », dont les parts feront l'objet, après la guerre, d'âpres négociations. Que serait-il advenu de l'Europeanische Petroleum Union si la guerre n'avait pas eu lieu ? Le trust avait réuni tous les éléments pour concurrencer la Standard et la Royal Dutch-Shell. « Sans la débâcle de 1919, l'Allemagne s'acheminait vers la domination européenne du pétrole. Il est probable que les Etats-Unis et l'Angleterre ne seraient pas les seuls aujourd'hui à détenir la royauté du pétrole[92]. »

L'Allemagne doit sans doute en partie sa défaite au ralliement des deux trusts à l'Entente. Avant la guerre, l'Allemagne importait plus de la moitié de ses barils des Etats-

---

90 *La lutte mondiale pour le pétrole*, p.20.

91 *Ibid.*, p.99.

92 *Ibid.*, p.100.

Unis. Voyant tous ses approvisionnements coupés au début du conflit, l'Allemagne n'eut de cesse de s'emparer de la Roumanie et de la Galicie pour permettre à son armée de se mouvoir. Au moment où Bérenger implore Clemenceau de solliciter Wilson, l'Allemagne crée la « Erdöl Industrie Anlagen Gesellschaft », qui dépouille les sociétés pétrolières des territoires sous contrôle pour créer un grand réseau de distribution, qui fonctionne jusqu'au terme du conflit. Comme en France, les derniers mois de la guerre sont marqués par des pénuries et des restrictions imposées à la population jusqu'aux derniers jours.

L'Espagne : la création d'un monopole d'Etat en dépit des menaces des trusts

Alors que l'Italie cède aux pressions de la Standard et renonce à son projet de monopole, l'Espagne fait le contraire. A partir de 1923, le pays tombe entre les mains du dictateur Miguel Primo de Rivera y Orbaneja. Observant que la consommation de pétrole augmentait, il demande à son ministre des finances, José Calvo Sotelo, de constituer un monopole, géré par une société créée dans ce but : la CAMPSA. Immédiatement, par mesure de rétorsion, les grandes compagnies cessent leurs approvisionnements, mettant des menaces, qui pesaient sur d'autres pays, à exécution. L'Espagne, ayant peu de ressources propres, cherche à en acquérir à l'étranger. Par l'intermédiaire de Gulbenkian, la dictature espagnole s'approvisionne… en Russie.

Des expériences différentes et interdépendantes

Ces expériences montrent la multitude de possibles, depuis la place majeure d'un trust, dans le cas des Etats-Unis, à celui d'un monopole total, en Espagne, en passant par des solutions intermédiaires comme la position britannique qui cumule un trust puissant et une compagnie étatiste. Les méthodes et les stratégies employées montrent aussi des différences profondes. Pourtant, si ces expériences sont très diverses, elles sont toutes interdépendantes, car il n'est pas possible de construire une politique nationale du pétrole sans prendre en compte le rôle des partenaires, ou adversaires, internationaux. La France, de même, élabore son propre modèle.

Les débats d'hémicycles, de 1920 à 1924

A la Chambre, le projet de loi de Klotz semble ne plus pouvoir aboutir : le rapporteur Aubriot présente un document qui ne convient pas aux commissions budget et législation fiscale, et doit lâcher le dossier. Aucun mouvement avant la fin de la session parlementaire ne s'étant fait sentir, il est reporté dans l'attente de l'élection d'une nouvelle Chambre, la précédente étant arrivée au terme de son mandat. Bérenger reste confiant : « C'est la guerre qui a rendu nécessaire cette expérience et l'a démontrée profitable. C'est la paix qui doit maintenant en consacrer les avantages et la permanence[93]. »

Le 20 janvier 1920, Alexandre Millerand est nommé président du Conseil et ministre des affaires étrangères ; il succède à Clemenceau. Cette nomination entraîne le départ de Bérenger, qui quitte le Commissariat aux Essences pour devenir rapporteur au budget de la Marine au Sénat. Après celui de Clémentel, le départ de Bérenger semble être une bonne nouvelle pour les lobbies pétroliers, car, dans trois mois, le

---

93 NOUSCHI, *op. cit.*, p.275.

consortium va expirer. Pourtant, lorsque le projet de retour au libre marché est présenté à la Chambre, il n'est pas choisi.

Avec le gouvernement Millerand, la situation des approvisionnements se tend davantage. Sous l'égide de Clemenceau, un contrat a été négocié avec la Pologne, visant à fournir 224 000 tonnes de produits de raffinage à compter du 15 avril 1920. Les autorités polonaises demandent un acompte, et le gouvernement s'y refuse. Le contrat est donc rompu[94]. Malgré la tension sur le ravitaillement, le gouvernement se refuse à rendre au marché sa liberté. Par ailleurs, tenu par les accords de San Remo, il doit mettre en œuvre une politique pétrolière. Le dernier tour doit donc se jouer dans l'hémicycle, à commencer par le projet de loi défendu par le sous-secrétaire d'Etat aux mines, Antoine Borrel.

Le retour au libre marché impossible

Le 26 avril 1920, l'Assemblée Nationale est amenée à se prononcer sur le devenir du monopole d'Etat sur l'achat de produits pétroliers, dans la mesure où le consortium vit ses dernières heures. Le gouvernement Millerand, mis en place sous le court mandat de Paul Deschanel, présente une loi visant à créer de nouvelles ressources fiscales pour l'Etat. L'occasion de rendre au marché sa liberté ; pourtant, tous les députés ne l'entendent pas ainsi et le rapporteur préfère reculer.

Dans ce texte, l'article 135 dispose[95] :

---

[94] J.O.R.F., Rapport Lamoureux, 26 avril 1920.

[95] BNF, Microfiche M35134, Débats parlementaires, Assemblée Nationale, avril 1920.

Les importations en France et en Algérie des huiles minérales, brutes et raffinées, essences, huiles lourdes, huiles combustibles, résidus et autres dérivés des pétroles, seront soumises à l'autorisation préalable du ministre des finances, sur la proposition du ministre des travaux publics. [...]

Les achats et les importations des huiles minérales brutes et raffinées pourront être faits soit par l'Etat jusqu'au 31 décembre 1920 dans les conditions fixées par l'article 7 de la loi du 20 avril 1916, soit par les particuliers.

Le gouvernement espère faire passer le texte en prolongeant l'intervention de l'Etat jusqu'à la fin de l'année et en mettant en évidence une commission de contrôle, laquelle, au vu des besoins, aurait très probablement accepté toutes les importations. Les députés ne sont pas dupes. Le débat commence par une intervention de Maurice Bouilloux-Lafont[96]. Il remarque que la guerre a tranché le débat : « parce que l'heure n'était plus aux discussions spéculatives mais aux actes, nous nous sommes arrêtés à des décisions dont les plus heureuses conséquences ne sont point contestées. » Il rappelle que les pavillons des firmes qui ont importé du pétrole étaient « ceux de nos alliés ou de neutres sympathiques », mais « que

96 Les Bouilloux-Lafont sont une famille de banquiers d'affaires pétris d'un profond sentiment de patriotisme qui se traduit, au lendemain de la guerre, par une grande défiance à l'égard de l'Allemagne. Marcel Bouilloux-Lafont, le frère du député qui nous intéresse, est à l'origine de l'Aéropostale. Ce qui explique que, dans les années qui suivent, Maurice Bouilloux-Lafont se penche sur la question de l'aviation militaire. Autant d'éléments qui confirment la position du député de gauche, qui tient à ce que l'Etat maîtrise une énergie appelée à être encore davantage exploitée, sans avoir à se soumettre à la bonne volonté des trusts.

fût-il advenu du ravitaillement pétrolier s'il en avait été autrement ? » Pourtant, le gouvernement se refuse à confirmer ce modèle qui a « fait ses preuves » et propose de « revenir aux funestes errements d'avant-guerre, en abandonnant le monopole limité d'achat et d'importation justement réservé jusqu'ici à l'Etat ». Le régime proposé, selon lui, est « un régime de semi-liberté et de contrôle illusoire », dans la mesure où le marché européen est sous contrôle du marché américain, lui-même dominé par la Standard. Il demande donc la disjonction de l'article 135 du projet de loi pour revenir au régime de monopole. « Je ne me fais l'avocat d'aucune firme française, ajoute-t-il, encore bien moins d'une firme étrangère. » Il ne se considère que comme « défenseur passionné de l'indépendance de [son] pays, et [se] rappelant les angoisses de 1917, des intérêts supérieurs de la patrie. »

Edouard Barthe, « le député du vin », président de la commission du carburant national, vient renforcer son intervention. Le socialiste salue le travail d'Henry Bérenger, « qui, en ce qui concerne les pétroles, a rendu au pays de grands services », et met en avant les bénéfices réalisés par le consortium. Il s'interroge sur les raisons pour lesquelles le projet de loi Klotz a été abandonné et rappelle à mots couverts l'affaire Muskogee, en présence de Tardieu. De même, Charles Baron, qui, durant les années futures, suivra de près la question pétrolière[97], dénonce l'avidité du Cartel des Dix.

Pour défendre le texte, le député et futur ministre Maurice Colrat de Montrozier s'expose et soutient le sous-secrétaire

---

[97] Charles BARON, *Au pays de l'or noir*, Paris, Librairie Polytechnique, 1939.

d'Etat des mines et des forces hydrauliques[98], Antoine Borrel. Il démonte l'argument du bénéfice du consortium, qui selon lui a été prélevé sur le consommateur :

> *Lorsque l'armistice est intervenu, le prix du fret a diminué des sommes payées pour risque de guerre. Alors a été constituée une sorte de fonds de réserve. Sous le régime de la concurrence, les prix de vente auraient été abaissés. La somme de 60 millions ne peut être considérée comme un véritable bénéfice.*

Ensuite, Colrat revient sur l'incident Tardieu. Car, en plus d'avoir été pendant longtemps le conseiller juridique du syndicat des raffineurs français, il n'est autre que le neveu du président du consortium. Il défend Fenaille, mis en cause, rappelant que l'entrepreneur, ayant son fils et son gendre au front, ne pouvait être soupçonné de manque de patriotisme. Par ailleurs, il reproche à la législation d'être responsable de l'absence d'exploration ou de développement de la production : les raffineurs « ont suivi la route que leur a tracée le législateur. » Enfin, son argumentation ne se fonde pas sur une vision autonome et volontaire de la politique industrielle française, mais sur la sécurisation des approvisionnements.

> *Prouvez-moi que l'institution en France du monopole des pétroles, de leur achat, de leur*

---

98 La mise en exergue des forces hydrauliques dans ce titre est emblématique des erreurs de la France en matière énergétique à l'époque. Avant la crise de l'hiver 1917, Marcel Sembat, alors ministre des travaux publics, qui a eu Léon Blum pour collaborateur pendant la guerre, ne jure que par le charbon et doit gérer la pénurie dans l'urgence. Mais il est parfois question d'anticipation, relative : on parle alors des « forces hydrauliques » comme énergie du futur. Mais jamais du pétrole.

> *transformation, de leur vente, est le meilleur moyen d'obtenir aux meilleures conditions du double monopole étranger, les livraisons qui nous sont indispensables, et je vote le monopole.*

Vient enfin le réquisitoire d'André Tardieu, sans appel. Il estime avoir rencontré des résistances de la part des opérateurs privés, qui justifient l'institution d'un monopole dans la durée :

> [*J'ai*] *rencontré chez les raffineurs de pétrole et aussi d'autres groupements industriels français* [...] *des résistances qui nous ont obligés, nous Gouvernements américain et français, à imposer, pour la victoire, une discipline qui ne pouvait se manifester que par la réquisition.* (Très bien ! Très bien ! à l'extrême gauche). *A ce moment-là, pour passer du régime de liberté au régime de réquisition, nous avons rencontré des difficultés.* (Très bien ! Très bien ! à l'extrême gauche). *J'ai connu ces difficultés avec les armateurs ; je les ai connues de même avec les raffineurs.*

Léon Blum intervient enfin lui-même pour dénoncer les « intérêts privés, dont nous sentons l'ombre lourde, l'ombre pesante sur nous. » Il s'adresse donc à Borrel pour lui demander si la disjonction du texte, qui entraînerait inévitablement l'ire de la Standard, pouvait causer une crise d'approvisionnement. Le sous-secrétaire d'Etat ne peut que reconnaître que ce ravitaillement serait difficile à effectuer si le texte ne passait pas. Cette déclaration, qui fait sentir aux députés que leur pouvoir est pris en otage par un trust américain, provoque un réel malaise. Pour Blum, c'est une « question qui touche à la susceptibilité nationale » et l'on peut entendre dans les rangs de l'Assemblée qu'il faut renvoyer le texte en commission des finances afin de se donner le temps de réfléchir – ce que le rapporteur général s'empresse de faire.

Le 2 juin, au Sénat, le président se contente de lire l'article qui prolonge le consortium au 31 décembre[99]. L'article est adopté sans le moindre débat. Ce qui permet, au passage, d'éluder la question du statut de l'Etat dans la politique du pétrole, qui n'a toujours pas été tranchée. Elle est vivement abordée dans les mois qui suivent.

Les quatre options possibles

Pour autant, le gouvernement doit faire des choix et ne peut, sur le long terme, se contenter de cette non-réponse. Dans un premier temps, le Commissariat général aux Essences est rétabli, le 2 juin, premier geste en faveur du monopole. Suivent les rapports présentés par Lamoureux[100] et Leboucq. C'est à ce moment que les différentes options qui s'offrent aux élus sont présentées : le retour à la liberté de marché, le monopole absolu, le monopole partiel, ou la régie intéressée. Les différents échanges qui ont lieu forment une précieuse synthèse des argumentaires de tous bords qui oeuvrent dans le débat.

Sans surprise, la crise de l'hiver 1917 ne joue pas en faveur du retour à la liberté de marché. Car la France ne peut laisser sa sécurité dans les mains de compagnies étrangères. Pour Lamoureux, « le problème du pétrole est un problème d'Etat ;

---

[99] BNF, Microfiche M35-135, Débats Parlementaires, Sénat, 2 juin 1920.

[100] On retrouve Lucien Lamoureux au côté de Georges Bonnet en 1933/1934, réfléchissant à l'instauration d'un nouveau monopole d'Etat concernant l'importation et le raffinage du pétrole.

c'est à l'Etat qu'il appartient de le prendre en main et de le résoudre. » De l'autre côté, les arguments de l'Union des Intérêts économiques refont surface : l'Etat n'est pas en mesure de mobiliser les compétences nécessaires pour développer une politique du pétrole efficace. Et ne peut pas non plus faire seul les investissements, lourds mais nécessaires. Les solutions radicales semblent donc écartées d'emblée.

La position d'équilibre se jouera entre les deux autres options. Le monopole partiel, c'est-à-dire limité aux achats et importations, serait institutionnaliser le statu quo. La solution a fait ses preuves, bien que les raffineurs n'y trouvent pas leur compte. L'option d'une régie intéressée consisterait en revanche à créer une société d'exploitation qui autorise la participation des intérêts privés, mais aussi de l'Etat. La solution séduit largement. Bérenger et les rapporteurs soutiennent cette option. Par ailleurs, le tissu économique dans sa totalité pourrait ainsi se mobiliser : les banques, pour les ressources, et notamment la Banque de Paris et des Pays-Bas, les armateurs, indispensables pour la constitution d'une flotte autonome, les métallurgistes ou les chemins de fer. L'idée est bien de créer une compagnie nationale, totalement indépendante des grands trusts :

> *La société doit être française ; non une société à façade française et pouvant laisser place, dans une question aussi importante pour le pays, à une emprise étrangère quelconque, mais bien à une société dirigée et contrôlée exclusivement par des Français*[101].

---

101 Rapport Leboucq.

Une mauvaise nouvelle pour la Standard Oil. Le rapporteur Leboucq appelle d'ailleurs à faire preuve du « plus grand tact et de la plus grande prudence » pour montrer aux compagnies étrangères que « cette compagnie n'est pas dirigée contre eux, mais parallèle à leurs efforts. » Pour les intérêts privés, la participation de l'Etat, bien que mal vue, peut s'avérer une caution sécurisante. Enfin, Lamoureux demande la création d'un « ministère du combustible ».

Parallèlement, Boussenot[102], Barthe et Lamoureux, qui se joint à eux, déposent une proposition de loi « Institution d'un régime d'achat et d'importation des pétroles et des dérivés », créant un « office spécial du pétrole ». L'objet de la structure, comme l'indique l'article premier, est « d'assurer l'achat et l'importation des pétroles, essences, huiles lourdes de production et de toute production pétrolifère. » La vente et la distribution se feront sous l'égide du directeur de l'Office (article 3) et 120 millions de francs sont réservés à la création d'une flotte de pétroliers (article 5).

Un autre texte, déposé par Jules Aubriot et Arthur Levasseur, propose de créer un « Office national des essences et des pétroles ». Au sein de cette régie, la part de l'Etat et de ses bénéfices est importante : 60%, et il détient le monopole des achats et importations, ainsi que la présidence. Comme le précédent, il est renvoyé devant les commissions compétentes.

A la fin de l'année 1920, le débat épineux qui avait été repoussé revient, puisque le consortium expire de nouveau, fin

---

102 Georges Boussenot est particulièrement investi sur les colonies. Il est partisan d'un Etat fort et votera les nationalisations de l'électricité et du gaz en 1946.

décembre. A ces rapports renvoyés aux commissions, s'ajoutent quatre projets qui sont déposés. Tous défendent un retour à la liberté, mais certains s'attachent à ce que le marché soit protégé, afin que cette concurrence ne soit pas de façade et ne cède en réalité aux firmes. Car c'est sans doute le seul point d'accord entre les deux parties dans l'hémicycle, avec la nécessité d'une politique pétrolière nationale, dont tout le monde parle et que personne ne voit venir. Cette vague de projets tient donc davantage de la « liberté contrôlée », le premier projet excepté, et si, une fois encore, rien n'aboutit cette année-là, les lignes ont légèrement bougé, le consensus a progressé.

Parmi ces nouveaux projets, les libéraux défendent le retour pur et simple à la liberté et la suppression du Commissariat général aux Essences. Les députés qui défendent cette position sont Pétrus Gourin et Camille Rocher, du groupe « Entente Républicaine Démocratique », représentant la Fédération démocratique[103]. Cette proposition ne reçoit aucun écho favorable : les députés refusent de placer la nation sous la dépendance de la Standard et de la Shell.

Une seconde proposition vient de Georges Leygues, qui est alors président du Conseil. Il a été placé par Alexandre Millerand, devenu président de la République, et qui entend avoir un rôle actif, contrairement à ses prédécesseurs. Leygues

---

[103] De 1903 à 1940, elle constitue le parti de la droite conservatrice et libérale, de bourgeoisie républicaine. Très liée aux milieux d'affaires, elle accueille de nombreux industriels et banquiers. Parmi les personnalités qui la composent, on y retrouve notamment André Tardieu, Louis Loucheur, Auguste Isaac et François de Wendel, président du Comité des Forges et vice-président de l'UIMM.

a peu d'ambition, il est donc là pour représenter Millerand. Son projet, que soutient son Commissaire aux Essences et collègue du PRDS[104], Laurent Eynac, propose d'instituer un régime de liberté. Le monopole empêche les initiatives nouvelles ; il espère donc développer un tissu industriel national en rendant aux entrepreneurs leur liberté, qui doivent en échange participer à l'acquisition de terrains pétrolifères et à la construction d'une flotte de navires-citernes. Les compagnies doivent, selon l'article premier, obtenir une « autorisation préalable pour le commerce en gros de l'importation et le raffinage des produits du pétrole ». La participation au développement des ressources nationales semble davantage tenir du contrat moral : peu de précisions déterminent les modalités de participation « au développement d'une production française du pétrole, d'une flotte citerne battant pavillon français et d'une industrie du raffinage sur le sol national ». Tout au plus sait-on que cette participation sera proportionnelle aux bénéfices et qu'un prochain règlement déterminera les détails. La proposition reçoit un accueil positif de la part de la Chambre, toutefois, les garanties ne sont pas assez convaincantes.

Une contre-proposition, un peu dans le même esprit, est portée par Herriot et Lamoureux. Ils s'attachent à apporter davantage de garanties pour protéger le marché français. Ainsi, toute l'activité pétrolière doit être réservée à des sociétés françaises (article premier) qui ne peuvent contracter d'ententes

104 Le Parti Républicain Démocratique et Social (PRDS), future Alliance Démocratique, crée entre 1920 et 1924 un groupe Républicains de gauche. Plutôt centriste, il s'oppose à l'étatisme et dispose de postes à responsabilités, notamment avec les élections d'Emile Loubet, Armand Fallières, Raymond Poincaré, Paul Deschanel et Albert Lebrun comme Présidents de la République.

occultes, mais l'Etat n'est pas partie prenante. Tout au plus est-il en droit d'exiger communication des comptes et correspondances d'une société.

Le quatrième texte rétablit également la liberté, mais tient de même à protéger le marché. Le principe proposé repose sur des avantages importants (en particulier l'exonération douanière pour les produits bruts et 50% sur les raffinés) accordés aux entreprises dont 67% du capital est français. En contrepartie, les dites sociétés s'engagent à céder des actions à l'Etat pour qu'il dispose d'une voix délibérative en Conseil d'Administration, à approvisionner l'Etat de manière régulière sur son territoire, métropole et colonies, et surtout à céder, en cas de guerre, leur flotte pour le temps du conflit. L'Etat pouvait donc intervenir de manière plus importante, tout en laissant de l'espace aux sociétés, mais renonçait à d'importantes marges fiscales.

Avec le renvoi des textes en commission, le gouvernement et la Chambre ne cessent de se renvoyer la responsabilité de la décision, et si la Standard ne gagne pas en imposant son choix, elle obtient, par son épée de Damoclès, de tenir les décideurs dans la paralysie. Alors que le Commissariat général aux Essences avait jusqu'ici été maintenu, signe en faveur du monopole, il est supprimé le 1er février 1921. En revanche, le consortium est prolongé jusqu'au 1er mars. Il est liquidé le 30 avril. Un régime provisoire de liberté est institué du 9 juillet au 31 décembre 1921. Les entreprises sont cependant soumises à l'obligation de constituer des réserves.

Lucien Dior, ministre du Commerce et de l'Industrie, élabore ensuite un projet de loi, inspiré des travaux de Laurent Eynac, que le gouvernement Briand présente en avril. La discussion est reportée à l'été. Il faut attendre décembre 1921 pour voir, pour la première fois, un geste novateur : la proposition de Herriot de créer un Office National du Pétrole, qui est retenue par le gouvernement. Les services de Dior ont longuement étudié cette proposition, que le ministre estime « hautement désirable », tant elle convient aux raffineurs, armateurs, chambres de commerces ainsi qu'au comité parlementaire français du commerce. Le texte définit le rôle de cet organisme, qui entraîne la suppression du service Essences et pétroles :

> [*L'Office National du Pétrole est chargé*] *de recueillir et fournir aux administrateurs et industriels français « intéressés »* [...] *toutes informations et documentations pouvant concourir à l'amélioration du ravitaillement du pays en combustible liquide de toute nature. Il entreprend toutes études à cet effet.*
>
> *Il peut organiser et subventionner un enseignement technique touchant les diverses branches de l'industrie et des succédanés de pétrole.*
>
> *Il coordonne et encourage, éventuellement par le moyen de subventions et de primes, les recherches pouvant aboutir à la découverte du pétrole dans la Métropole, les colonies, les pays de protectorat et de mandat, et à la mise au point de carburant de remplacement.*
>
> *Il dirige, au besoin lui-même, certaines de ces recherches. Il encourage, s'il y a lieu, par le moyen de subventions et de primes, l'extraction des hydrocarbures contenus dans les minéraux bitumeux du territoire national.*
>
> *Il émet des avis sur toutes les questions intéressant le ravitaillement du pays en combustible liquide de toute nature, et notamment sur les conditions*

d'amodiation et la mise en valeur des ressources obtenues par l'Etat à la suite des accords diplomatiques déjà existants ou à intervenir.

Il est obligatoirement consulté sur tous les projets de loi, décrets ou d'arrêtés concernant la réglementation de la recherche, de l'exploitation, du transport, de la manutention, de la mise en dépôt ou distribution des hydrocarbures naturels.

Toutes opérations commerciales d'achat pour la revente lui sont interdites.

Ses missions sont donc l'information, la formation, l'impulsion, directe ou non, de la recherche technologique, de l'exploration, et il dispose d'un rôle consultatif. Cet Office est donc à la fois un centre de ressources pour les professionnels, un interlocuteur direct, voire un acteur présent sur le terrain. Les mots « régie », « monopole » et « liberté » sont soigneusement évités. La presse spécialisée en est consciente. Elle s'agace et s'impatiente. « En finira-t-on jamais ? » s'exclame le *Courrier des Pétroles*, en janvier 1922. Le journal ne croit pas si bien dire : durant toute l'année, le sujet est esquivé.

Le débat resurgit en 1923. Fin février, une convention avec la Pologne ranime le débat dans l'hémicycle. Dans la presse, Baron, Lamoureux et quelques autres interviennent pour demander un consortium rigoureusement contrôlé par l'Etat, afin de se protéger des trusts. La liberté n'est plus du tout au goût du jour. La France est isolée au plan diplomatique et cherche à se créer des garanties. Au même moment, le Traité de Lausanne, le dernier de la Première Guerre, est en cours de discussion. Lamoureux présente son projet de consortium visant à « soustraire la France à l'emprise des trusts étrangers »,

« assurer l'approvisionnement de la France et développer une production française de pétrole ». Avec un monopole de dix ans, le consortium doit pouvoir dégager des bénéfices lui permettant d'en consacrer une partie pour prospecter ou développer des raffineries. La participation de l'Etat s'élève à 10%. Le projet développe toute la chaîne du pétrole, en passant par la formation et la recherche. La vente (gros et détail) reste aux mains des distributeurs. A ce moment, une vingtaine de députés seulement sont présents durant cette séance estivale. Le débat est donc une nouvelle fois reporté, à la rentrée.

Sur le papier donc, la Compagnie Française des Pétroles n'est pas encore créée. Pourtant, son nom circule déjà, avec celui qui fera consensus et sera son premier président : Ernest Mercier. Pour Poincaré, le dossier doit enfin avancer. Tandis que la Chambre continue de se perdre dans les débats, en septembre 1923, il écrit à Mercier[105]. Cette lettre constitue une véritable Charte pour l'entreprise à naître.

Le Président du Conseil rappelle la volonté du gouvernement de « créer un outil capable de réaliser une politique nationale du pétrole » et « de voir se constituer un groupement national de pétrole », société anonyme de statut français. Cette « société devra donc être essentiellement française et demeurer complètement indépendante », « s'efforcera de développer une production de pétrole à contrôle français dans les différentes régions productrices », « créera ou développera toutes les entreprises qu'elle jugera utiles pour sa prospérité » et pourra recevoir du gouvernement la mission

[105] La lettre est retranscrite intégralement par NOUSCHI, *La France et le pétrole, de 1924 à nos jours*, Paris, Picard, 2001. Source : archives de la CFP (carton : constitution de la CFP).

d'entreprendre des travaux qu'il estimera « opportuns ». Dans ce but, elle devra « organiser la mise en valeur des ressources et des avantages que l'Etat tient ou tiendra des accords diplomatiques ou autres existants ou à intervenir, en ce qui touche le pétrole ». Elle prendra des participations dans les entreprises « exerçant leur activité dans diverses régions pétrolifères, spécialement en Amérique centrale et en Amérique du Sud ». Pour l'exploration, elle est chargée de « concourir, avec l'appui du Gouvernement, à la mise en valeur et à l'exploitation des richesses pétrolifères qui pourraient être découvertes en France, dans les colonies et les pays de protectorat. » Compagnie nationale, « la Société recevra l'appui du Gouvernement et le concours de ses Administrateurs, dans les démarches et travaux qu'elle entreprendra en conformité des programmes arrêtés d'accord avec le Gouvernement. » L'Etat se réserve de plus un contrôle sur la gestion de la société : deux commissaires, du ministère du Commerce et de celui des Finances, seront désignés et leur rôle sera précisé dans les statuts. Ces derniers leur donneront un droit de veto en Conseil d'Administration. De fait, leur rôle tiendra plus de l'opposition que de la proposition. Enfin, de nombreuses dispositions sont censées protéger la CFP des capitaux étrangers : les sociétés industrielles et financières françaises peuvent participer à la société, lorsque leur objet social concerne « la production, le transport, le commerce, la distribution, le raffinage » de pétrole. Sachant qu'une entreprise peut n'être française qu'en apparence, « le cas de certaines Sociétés comprenant des participations étrangères importantes fera l'objet d'un examen particulier. » La Banque de Paris est bien sûr directement visée. Poincaré ne ferme aucune porte à « toutes dispositions nécessaires [qui] devront être insérées dans les statuts pour assurer la permanence du contrôle de la Société par des capitaux français. » Enfin, les postes restent toujours des éléments stratégiques pour le contrôle d'une société : le directeur général et les directeurs devront être français, comme les administrateurs qui devront par ailleurs être agréés par le gouvernement.

La nomination de Mercier fait accélérer le dossier. Le mois suivant, il réunit les représentants des principaux groupes pétroliers pour travailler sur un projet de statuts et de convention avec l'Etat. Il veut aussi le feu vert des futurs actionnaires pour l'exploitation de la part française dans la TPC : la part est prometteuse, mais les pétroliers n'ont pas participé aux négociations et auraient pu en contester les modalités. Quelques jours plus tard, les banquiers participent aux discussions et une première répartition des participations est proposée, à laquelle l'Etat n'est pas associé : 40% pour les raffineurs, 30% pour les producteurs. Les banquiers en détiendront 30% également. L'occupation française de la Rhénanie étant critiquée par les Anglo-Saxons, les filiales britanniques n'apparaissent pas au conseil d'administration. En revanche, Poincaré encourage les Belges à y participer. Mercier crée un Syndicat d'Etudes Pétrolières pour travailler à la création de la société. Son capital est proposé à 25 millions de francs lors de la première assemblée constitutive, le 18 mars 1924. Cette somme représente la moitié de ce que le gouvernement envisageait durant l'été. Elle est répartie en 50 000 actions A (20 voix) et B (1 voix) de 500 francs. Les 12 500 actions A représentent 250 000 voix et 6 250 000 francs.
Les 37 500 actions B rassemblent seulement 37 500 voix, pour un capital de 18 750 000 francs. Ce faible capital réduit considérablement ses capacités d'action.

Lorsque le projet établissant la CFP est présenté à la Chambre le 11 avril 1924, dans le cadre d'un projet de loi

« relatif au régime du pétrole et portant création d'un Office national des combustibles liquides », le texte est adopté sans débat. On y retrouve les tâches de l'Office national du pétrole, dont les compétences sont élargies à tous les combustibles liquides. Il ne peut toujours pas avoir d'activité commerciale, cependant son autorisation est nécessaire pour l'importation. Les entreprises sont aussi tenues de constituer des réserves stratégiques, mobilisées en cas de crise.

Parallèlement et dans l'ombre de la Chambre, la mise en place de la CFP progresse[106]. Poincaré revient sur sa position à l'égard des trusts et autorise les filiales anglo-saxonnes (Standard, Shell, Anglo-Persian) à participer à la société. La Chambre n'est pas consultée sur la préparation de la convention. Elle n'est pas plus consultée pour sa ratification[107]. La convention promet des bénéfices minimes à l'Etat, qui apporte pourtant une belle dot avec les 25% de la TPC[108]. Difficile à accepter pour les députés. C'est donc Loucheur

---

[106] La littérature s'étonne de l'absence de réaction de la Chambre face à cette liberté que se permet Poincaré : « Le plus étonnant est que les parlementaires ne se sont pas émus de l'action menée par Poincaré qui presse ses ministres concernés de rédiger la convention entre la CFP et l'Etat » (NOUSCHI, *ibid.*, p. 32). Il y a fort à parier que les députés se félicitent qu'après plus de vingt ans de tergiversations, les choses avancent. La paralysie venait notamment de ce que ni le gouvernement, ni la Chambre n'osaient prendre la lourde décision de trancher le débat. Voir Poincaré s'en charger ne pouvait, sans doute, que leur convenir. De plus, les élections législatives approchent, le Président du Conseil sent peut-être qu'il est fragilisé et qu'il doit aller vite.

[107] Elle ne sera ratifiée qu'en 1931, au terme de vives controverses et de plusieurs avenants.

[108] En réalité 23,75% après que Calouste Gulbenkian a négocié une part de 5% pour sa personne.

(Commerce), François-Marsal[109] (Finances) qui s'en chargent et signent avec Mercier le 17 mai 1924. Quelques jours plus tard, les électeurs choisissent le Cartel des Gauches. Poincaré est remplacé par Herriot, qui a mené la campagne à gauche, et Millerand démissionne, laissant le fauteuil de Président de la République à Gaston Doumergue.

Avec des capitaux faibles, sans pétrole, sans autorisation de vente ni de raffinage, la CFP est un enfant chétif à sa naissance. Le lobbying des trusts et des milieux bancaires, au moment où un gouvernement plus libéral était au pouvoir, a donc permis, sous couvert d'une « politique nationale du pétrole », de revenir à l'avant-guerre. *In extremis*, sachant que Herriot arrive quelques jours après à la tête du gouvernement. Pourtant, la CFP va s'imposer et peu à peu jouer son rôle et se développer… contre l'avis de ses actionnaires majoritaires. Ernest Mercier est bien décidé à lui donner l'ampleur qu'elle mérite.

Le défi d'Ernest Mercier

Pour Poincaré, choisir un président pour la CFP est délicat : il faut un individu loyal envers l'Etat, qui ait la confiance des intérêts privés. A ce titre, Ernest Mercier présente la triple qualité d'être compétent, relativement indépendant des trusts dans la mesure où il est arrivé depuis peu dans le secteur, préférant jusqu'ici l'électricité, et surtout de venir de Roumanie. C'est probablement le seul pays où la France a une réelle

[109] François-Marsal occupe le siège de président du Conseil pendant trois jours à la chute du gouvernement Poincaré, par intérim. C'est un homme réputé proche des trusts. Nouschi s'interroge sur son rôle dans l'ouverture de la CFP aux filiales anglo-saxonnes, dans la mesure où Poincaré était contre (*ibid.*, p.36).

expérience de la question pétrolière, opérationnelle et pas seulement financière. L'expérience de Mercier est donc précieuse. Ayant travaillé auprès de la Banque de Paris, qui devient le premier actionnaire, il dispose de réseaux privilégiés qui lui permettront de faire la passerelle entre son Conseil d'Administration et l'Etat. Il est d'ailleurs étonnant d'observer qu'en Roumanie, il travaillait à défendre les intérêts de la Banque de Paris, qu'il retrouve en « actionnaire négatif » principal à la CFP. Il doit donc gouverner pour et contre ses anciens partenaires.

En 1924, la répartition des capitaux de la CFP est la suivante : les banques (BUP et Banque de Paris) détiennent 22,1%, les trusts 23,1%, les groupes belges 11,9% et la part restante, 42,9%, est détenue par des indépendants français, en particulier la société Desmarais Frères. Le 4 avril 1926, le principe de monopole est acté : la loi dispose « qu'à partir du 1er avril 1927, les opérations d'importation du pétrole brut, de ses dérivés et résidus, ne pourraient être faites que par les représentants de l'Etat ou les personnes accréditées par lui. » En 1927, l'Irak offre ses premiers barils de pétrole : pari gagné. Aussitôt, les compagnies pétrolières craignent de voir la C.F.P. étendre son champ d'intervention au raffinage et à la distribution. Elles n'ont pas tort. Deux ans plus tard, face au blocage de son Conseil d'Administration, Mercier double ses actionnaires et obtient du gouvernement que l'Etat porte à 25% ses parts dans la compagnie, ce qui lui permet d'avoir un nombre de sièges conséquent au Conseil d'Administration. Parallèlement, une filiale, la Compagnie Française de Raffinage (CFR) est créée. L'Etat en est partiellement propriétaire. Les importateurs privés sont tenus de commercialiser les produits de la CFR. Cette fois, la Chambre réagit et demande à ratifier les conventions entre la CFP et l'Etat. Les années qui suivent affichent un bilan positif.

> *Dans la décennie suivante, grâce à ces sociétés mixtes et aux quotas d'importation, la France acquit davantage d'indépendance vis-à-vis des sociétés anglo-américaines. En 1939, près de la moitié des importations de brut était effectuée par la C.F.P. ; les raffineries situées en France couvraient 88% des besoins ; une flotte de pétroliers modernes était en construction. C'était donc là un exemple de réussite commerciale des sociétés mixtes*[110].

Epilogue heureux pour la Compagnie, pour autant, faut-il y voir un modèle idéal ? Richard F. Kuisel ne va pas jusque-là. Il estime que l'alliance était un mariage de raison : les relations de l'Etat « avec les industriels n'avaient jamais été faciles : elles ressemblaient plus à une querelle permanente qu'à une association fondée sur l'entraide mutuelle[111] ».

La création de la CFP : la voie française

L'examen des régimes pétroliers des autres puissances de l'époque nous enseigne que chaque nation a, en fonction de son vécu, de son panorama économique, une expérience pétrolière propre. La France ne fait pas exception. Ravivant la tradition colbertiste d'un Etat dirigiste, elle met en place les conditions de son rattrapage économique, *à la française*.

---

[110] *Ibid.*

[111] *Ibid.*

Francis Delaisi[112] voit dans les différences entre pays des différences culturelles profondes. En Grande-Bretagne, un homme d'affaires doit, après avoir fait fortune, faire profiter le pays de ses compétences et participer à son rayonnement économique dans le monde. La couronne britannique a ainsi bénéficié de personnages de talent qui se sont investis dans l'ombre, servant sur un plateau à la Chambre des Communes un empire pétrolier qu'ils avaient érigé dans l'ombre. En France, au contraire, Delaisi décrit une bourgeoisie fainéante qui ne voit son intérêt que dans le profit et limite les risques au maximum.

Sans céder à la caricature, il faut reconnaître qu'en France, c'est une poignée d'hommes politiques qui ont permis à la France de retrouver sa place de puissance aux côtés des grandes nations du Vieux Continent et du Nouveau Monde. En 1924 se termine un long marathon législatif. Cependant, la bataille n'est pas terminée. Le devenir du pétrole français dépend désormais du destin de la CFP.

---

112 Francis DELAISI, Le Pétrole. La politique de la production, Paris, Payot, 1921.

CONCLUSION
LE PLUS PETIT DÉNOMINATEUR COMMUN

L'indépendance politique d'un peuple
peut parfois n'être qu'un décor.
P. L'Espagnol de la Tramerye

En matière de pétrole, la France a souvent été à l'origine d'innovations techniques : c'est en France, en 1740, qu'est créée la première société pétrolière ; c'est encore en France que le *Puebla*, premier navire fonctionnant au pétrole, a été lancé, en 1864. En revanche, elle fait partie des dernières grandes puissances à développer une marine au pétrole et à se doter d'une compagnie nationale puissante. La France était très en retard. La guerre a agi comme un électrochoc. Dès lors, un difficile rattrapage industriel et diplomatique s'est mis en place, possible grâce à quelques hommes qui ont consacré l'énergie nécessaire pour promouvoir cette ressource. Bérenger incarne ce réveil. Il est parvenu à mobiliser les ressources de l'Etat pour enrayer la crise et à institutionnaliser son rôle pour agir dans la durée, que ce soit par le Comité Général du Pétrole, le Commissariat général aux Essences, ou la Conférence Interalliée. Comme nous l'avons vu dans ce premier temps, il n'était alors plus possible pour le monde des affaires d'ignorer les gouvernements en exercice. Ce n'est pas tant parce que l'Etat, soudainement, décide de devenir un interlocuteur sur la scène pétrolière. C'est surtout qu'en développant massivement une technologie basée sur le pétrole, l'énergie prend une dimension nouvelle, vitale pour l'économie et la défense, donc stratégique. Dès lors, l'Etat ne peut que s'y intéresser. La guerre a servi de révélateur ou d'accélérateur dans cette prise de conscience. Mais l'ingérence politique était mécanique ; cela n'enlève rien, pour autant, au rôle de Bérenger dans la prévention de la crise de l'hiver 1917. Sur le plan diplomatique, l'arrivée tardive des négociateurs de l'Hexagone dans la toile complexe des alliances dans la course à l'Or Noir les a amenés à perdre le peu d'influence qu'ils étaient en mesure de développer, même si leur entrée future dans la *Turkish Petroleum Company* fut une grande victoire. Comptant trop sur l'actionnariat, la France fournissait des capitaux, mais ne gouvernait pas : les actionnaires comptaient sur de juteux dividendes et ne souhaitaient pas se déplacer à Londres pour siéger à un Conseil d'Administration.

L'opinion publique dans l'attente, la presse impatiente, la Chambre des députés était sommée de donner à la France un régime pétrolier, quel qu'il soit. Pour peser sur leur décision, la Shell tissait des liens étroits avec le gouvernement par le biais d'accords financiers et politiques, tandis que, de son côté, la Standard jouait une stratégie frontale et agressive, appuyée par son cheval de Troie, la Banque de Paris. Piégée entre son meilleur ami, la Shell, et son meilleur ennemi, la Standard, la France assistait à un affrontement médiatique, financier et politique qui semblait ne jamais devoir cesser. La difficulté à mettre en place ce régime pétrolier français peut étonner, dans la mesure où une large majorité politique, le Bloc National, dominait l'Assemblée. La Chambre Bleu Horizon repoussait les débats car, comme les gouvernements successifs, elle ne voulait pas décider du destin de la France. Les députés étaient bien conscients de l'urgence, mais étaient paralysés par les épées de Damoclès de leurs partenaires ou adversaires et ne parvenaient pas à s'entendre sur une position d'équilibre.

Deux grands combats ont été menés pendant et après la guerre. Le premier, à court terme, consistait à s'approvisionner pendant la guerre, en s'appuyant sur les trusts. Il fut largement gagné. Le second, à long terme, pendant la paix, consistait à s'émanciper de ces encombrants alliés : l'un menaçait le gouvernement, l'autre tentait de le manipuler. Cette bataille n'est pas terminée en 1924. Alors que le seul dénominateur commun qui émergeait des débats était cette indépendance énergétique à reconquérir, la France servait de terrain d'affrontement et n'obtint qu'une illusion d'indépendance. Pouvait-elle faire autrement ? Avec l'empire colonial qui était le sien et qui attirait les convoitises, avec sa consommation qui nécessitait d'importants approvisionnements, était-elle en mesure, à cette époque, « de faire sans les trusts » ? Le retour à la situation d'avant-guerre aurait profité à la Standard ; le monopole, à la Shell. La France, faut-il le rappeler, ne dispose que de peu d'infrastructures et d'expertise. Faire sans les trusts étant impossible, la création de la CFP s'impose comme la position d'équilibre, qui peut *a minima* convenir aux deux géants et aux politiques partagés sur le plan idéologique, ou du moins limiter les mécontentements.

La création de cette société a donc pu être possible, malgré l'influence pesante de la Standard et de ses alliés. Non parce que l'expérience de la guerre suffit à imposer un modèle - les milieux d'affaires disposent de trop d'influence pour laisser un régime de monopole s'installer - mais parce que des forces au moins aussi puissantes se sont opposées au retour au libre marché. Il ne faut donc pas voir dans la création de la CFP la victoire d'un camp sur un autre, seulement le fait que cet outil a désormais le mérite d'exister. En 1924, il n'y a ni gagnant, ni perdant : le bras de fer continue. La compagnie a été créée après plus de vingt ans de désaccords, l'Etat a un droit de contrôle, mais elle est gouvernée par des capitaux privés qui lui sont défavorables, au service des trusts. Cependant, de profonds acquis se sont installés : l'émergence de la notion d'indépendance énergétique, dans un pays pour lequel l'approvisionnement est onéreux et la nécessité d'une part de dirigisme dans la politique de l'énergie, rendue possible par l'effacement progressif de la limite entre autorité et gestion. Acquis qui perdurent aujourd'hui encore et ont conduit au développement du parc électronucléaire ainsi qu'à la création de grandes compagnies nationales de l'énergie. Dans un premier temps, jusqu'en 1922/1923, l'Etat a joué un rôle de facilitateur des initiatives, publiques ou privées, tout en contrôlant par la mise en place d'organismes efficaces (Comité Général du Pétrole, Commissariat général aux Essences), encouragé l'exploration et développement la formation. Ensuite, il a créé les conditions du rattrapage économique en confiant à Mercier le pilotage technocratique de la CFP. Enfin, à partir de 1929, il a assumé son rôle d'acteur à part entière de l'industrie pétrolière.

Au terme de cette enquête, des zones d'ombre et des champs d'études subsistent. Les années qui suivent 1924 méritent, jusqu'à la création de la Compagnie Française de Raffinage en 1929, une étude approfondie pour comprendre pourquoi et comment Mercier a pu manœuvrer pour permettre à l'Etat de revenir dans le jeu pétrolier, jusqu'à lui permettre de devenir le premier actionnaire de la CFP. Un autre angle intéressant, qui n'a pas été retenu dans le cadre de ce travail, serait de comparer le monopole du pétrole avec un autre, celui du coton ou du tabac et des allumettes : y a-t-il des similitudes dans les forces en présence, voire retrouve-t-on des personnalités que nous avons évoquées au fil de ces pages ? Par ailleurs, nous avons fait le choix de ne pas développer la législation sur les mines et combustibles liquides. Il est évident qu'elle eut une influence importante dans l'abandon de la raffinerie en France ; il n'est pas surprenant, par conséquent, que la Standard ait tout fait pour que cela ne change pas. Les banques d'affaires demandent aussi davantage d'éclairage : quels sont les individus clés qui ont fait le choix audacieux de quitter la gestion portefeuille pour s'immiscer dans la politique industrielle et travaillé au rapprochement des banques d'affaires avec les trusts ? Comment sont-ils parvenus à convaincre leurs conseils d'administration ? Les archives de la Banque de Paris et des Pays-Bas, détenues par Paribas, pourront apporter la lumière sur ces questions. Enfin, le cas de l'Espagne est particulièrement intéressant pour imaginer ce qui pouvait attendre la France si elle avait fait le choix du monopole total. L'exercice mérite bien des précautions, les cas diffèrent considérablement, mais peut réserver des enseignements utiles.

La CFP a pu voir le jour, non parce qu'elle convient à tout le monde, mais parce qu'elle ne convient à personne. Elle évacue les hypothèses radicales : un monopole aurait provoqué l'ire de la Standard, le retour à la liberté celle de nombre de députés, de l'opinion française et de la Shell. Conscients de l'impasse, ces acteurs directs et indirects du débat ont permis la création de la CFP en espérant, pour les uns la paralyser de l'intérieur par un « investissement négatif », pour les autres en faire l'outil d'une politique pétrolière nationale autonome en dépit des freins inhérents à sa constitution. Elle constituait donc le plus petit dénominateur commun entre deux camps qui refusaient de baisser les armes. D'une certaine manière, la naissance de la CFP a ouvert une nouvelle page de l'affrontement entre ces forces, avec une nouvelle arène : son propre conseil d'administration.

Bérenger a rempli son rôle : l'outil politique dont il rêvait est enfin institué, des années après son éviction du Commissariat général aux Essences. Jusqu'au dernier moment, même éloigné du dossier, il continua sa correspondance avec les ministres en situation de responsabilité pour les conseiller sur les options à étudier. Son rôle s'arrête là ; c'est à présent à Mercier de reprendre le flambeau et d'écrire une nouvelle page de cette histoire. Car, d'une certaine manière, le débat était, pour la énième fois, remis à plus tard.

SOURCES ET BIBLIOGRAPHIE

F. D'ALMEIDA et C. DELPORTE, *Histoire des médias en France : de la Grande Guerre à nos jours*, Paris, Flammarion, 2003.

Charles BARON, *Au pays de l'or noir*, Paris, Librairie Polytechnique, 1939.

Jean-Jacques BECKER et Serge BERSTEIN, *Nouvelle histoire de la France contemporaine, tome 12 - Victoire et frustrations (1914–1929)*, Paris, Éd. du Seuil, coll. « Points Histoire », 1990.

Alain BELTRAN, « Politique pétrolière et entreprises nationales en France des années 1920 à 1945 », in *L'entreprise publique en France et en Espagne de la fin du XVIIIe siècle au milieu du XXe siècle*, Pessac, Maison des Sciences de l'Homme d'Aquitaine, 2004.
- « La politique énergétique de la France au XXe siècle : une construction historique », Revue *Les Annales des Mines, Réalités industrielles*, août 1998.

A. F. BENTLEY, *The Process of Government. A Study of Social Pressures,* Cambridge, The John Harvard Library, 1967 (1ère édition 1908).

Henry BÉRENGER, *Le Pétrole et la France*, Paris, Flammarion, 1920.
Jacques BERGIER et Bernard THOMAS, *La Guerre secrète du pétrole*, Paris, Flammarion, 1971.

Célestin BOUGLÉ, *Socialismes français. Du « Socialisme utopique » à la « Démocratie industrielle »*, Paris, Armand Colin, 1932.

Yves BUFFETAUT, *Atlas de la Première Guerre mondiale : 1914-1918, la chute des empires européens*, Paris, Éd. Autrement, coll. Atlas/Mémoires, 2005.

Etienne CLÉMENTEL, « Budget pour tous », *La Grande Revue*, février 1904.

Guillaume COURTY, *Les groupes d'intérêt*, Paris, La Découverte, coll. Repères, 2006.

R. A. DAHL, *Qui gouverne ?*, Paris, Armand Colin, 1971 (édition américaine 1961).

C. DELPORTE, *Les journalistes en France, 1880-1950 : Naissance et construction d'une profession,* Paris, Le Seuil, 1999.

Francis DELAISI, *Le Pétrole. La politique de la production*, Paris, Payot, 1921.

Pierre L'ESPAGNOL DE LA TRAMERYE, *La lutte mondiale pour le pétrole*, éditions de la vie universitaire, Paris, 1921.

Edgar FAURE, *Le Pétrole dans la paix et dans la guerre*, Paris, Editions de la Nouvelle Revue Critique, 1939.

Danièle FRABOULET, Les organisations patronales de la métallurgie: acteurs, stratégies et pratiques durant le premier XXe siècle, HDR, Université de Paris VIII, 2004.

J. GARRIGUES (dir.), *Les Groupes de pression dans la vie politique contemporaine en France et aux Etats-Unis de 1820 à nos jours*, Rennes, PUR, coll. Carnot, 2002.

Linda Biesele HALL, *Oil, banks, and politics : the United States and postrevolutionary Mexico, 1917-1924*, Austin, University of Texas press, 1995.

Takashi HOTTA, *L'industrie du pétrole en France, des origines à 1934*, thèse, Université Paris X – Nanterre, 1990.

W.G. JENSEN, « L'importance de l'énergie dans les première et deuxième guerre mondiale », *The historical journal*, volume 11, 1968.

Richard F. KUISEL, *Le capitalisme et l'Etat en France : Modernisation et dirigisme au XXème siècle*, Paris, éd. Gallimard, nrf, 1984 (Cambridge University Press, 1981, pour l'édition originale).
- *Ernest Mercier, French Technocrat*, Berkeley/Los Angeles, University of California Press, 1967.

Philippe MARGUERAT, *Banque et investissement industriel. Paribas, le pétrole roumain et la politique française, 1919-1939*, Faculté des Lettres de Neuchâtel, 1987.

Jean MATHIEU, pour l'Union Des Intérêts Economiques, *Le Monopole Du Pétrole*, Paris, Edition Du Réveil Économique, 1919.

Roberto NAYBERG, *La question pétrolière en France, du point de vue de la défense nationale, de 1914 à 1928*, thèse, Université du Panthéon Sorbonne - Paris I, 1983.

André NOUSCHI, *La France et le pétrole, de 1924 à nos jours*, Paris, Picard, 2001.
- *Les origines de la C.F.P. jusqu'en 1924*, non publié, Nice, 1965 ?
- « Pétrole et diplomatie française (1919-1945) », Revue *Les Annales des Mines, Réalités industrielles*, août 1998.
- « L'État français et les pétroliers anglo-saxons : la naissance de la Compagnie française des pétroles (1923-1924) », *Relations Internationales*, n° 7, 1976.

Charles-Henri POMARET, *La politique française des combustibles liquides: pétrole, charbon liquide, alcool, le carburant national*, Thèse pour le Doctorat, Université de Grenoble, 1922.

Antoine PROST et Jay WINTER, *Penser la Grande Guerre. Un essai d'historiographie,* Paris, Éd. du Seuil, coll. « Points Histoire », 2004.

Mohamed SASSI, « The emergence of a French Oil Industry between the two wars », in *Business and Economic History On-Line,* 2003.

Jean-Pierre SÉRÉNI, « Les Etats s'emparent de l'arme pétrolière », *Le Monde diplomatique*, mars 2007.

David TRUMAN, *The governmental process, Political interests and public opinion*, New-York, 1951.

Bulletin de l'Institut d'Histoire du Temps Présent n° 84, « Pétrole et gaz : nouvelles perspectives et outils de recherche », Cachan, IHTP-ENS Cachan, 2004.

Annexes

Lexique

Certains termes et certaines notions employés dans ce mémoire méritent une définition plus précise. Nous proposons donc un petit lexique qui a vocation à transformer l'implicite en explicite.

Cartel

A l'origine, le cartel désigne l'écrit par lequel on défiait quelqu'un en combat singulier. Son sens s'élargit ensuite et signifie la convention entre les chefs de deux armées belligérantes, pour régler un conflit, un échange de prisonniers... D'où le sens aujourd'hui de groupement d'intérêt, en vue d'une action politique ou économique (le Cartel des gauches, le cartel des Dix).

Consortium

Le consortium désigne une association d'entreprises, œuvrant dans le temps à des opérations en commun, sous supervision ou pilotage de l'Etat.

Monopole, oligopole

Le monopole désigne, *stricto sensu*, le privilège d'exploiter de manière exclusive le trafic, la fabrication, la commercialisation d'une activité ou d'un produit. Par extension, désigne des entreprises réunies, qui ont la mainmise sur une marchandise. C'est l'usage qu'emploie la littérature sur notre sujet. Nous lui préférerons la distinction que l'économie précise : un monopole est détenu par un acteur unique, qui ne peut se retrouver en situation de concurrence. C'est le cas de l'Etat lorsqu'il décrète le monopole sur l'achat des huiles. Si une autre force intervient sur ce marché, susceptible de l'inquiéter, la situation devient duopole. Au-delà, lorsque plusieurs grandes sociétés s'entendent et se partagent un marché sans craindre de concurrence extérieure à ce cercle, nous sommes en situation d'oligopole.

Pétrole

Le pétrole, étymologiquement « huile de pierre », est d'abord employé pour l'éclairage, le « pétrole lampant », puis comme carburant pour les transports, une fois le pétrole brut raffiné, pour obtenir l'essence. Par « produits blancs », on désigne l'essence et le pétrole lampant.

Pétrolier, pétrolifère

Pétrolifère signifie « où se trouve du pétrole » : région pétrolifère, gisement pétrolifère. Pétrolier, comme adjectif, signifie « relatif au pétrole ». Comme nom commun, il désigne en premier lieu le navire-citerne conçu pour le transport du pétrole. Par extension, le nom désigne les industriels et financiers des compagnies pétrolières.

Raffineurs

Initialement, les raffineurs sont les entreprises chargées de transformer le pétrole brut en produit raffiné. Par extension, et à l'usage, l'expression désigne les principaux importateurs de pétrole lampant et d'essence.

Trust

Grande entreprise résultant de l'absorption d'entreprises plus petites, disposant de positions fortes, voire dominantes, sur plusieurs marchés d'un secteur industriel. Les trusts apparaissent au XIXème siècle. A l'origine du mot, « confiance » en anglais, les actionnaires confiaient leurs intérêts à un Directoire. L'usage aujourd'hui lui donne au contraire une connotation péjorative et évoque un pouvoir excessif.

Repères chronologiques

Nous présentons ci-dessous une chronologie qui n'a pas la prétention d'exhaustivité, mais qui n'est sans doute pas superflue, son rôle étant de remettre les événements de notre sujet, ici en italique, dans le contexte des grandes dates qui ont fait le début du siècle dernier. Les présidents du Conseil et de la République en exercice sont soulignés. Ces personnalités, en position d'influence, peuvent parfois expliquer l'orientation du débat. Seuls sont indiqués les gouvernements qui nous semblent importants, par leur durée ou le moment où ils ont exercé, certains n'ayant pas dépassé trois jours.

1914 / 1916

Système des contrats avec les importateurs qui s'engagent à fournir la France en pétrole

1914

3 août : l'Allemagne déclare la guerre à la France
1er novembre : la Turquie entre en guerre aux côtés des puissances centrales

1916

21 février / 18 décembre : bataille de Verdun
9 mars : accord Sykes-Picot sur le partage des colonies arabes de la Turquie entre la France et l'Angleterre
1er juillet / 18 novembre : bataille de la Somme

20 août : entrée en guerre de la Roumanie aux côtés des Alliés
15 septembre : des chars d'assaut sont utilisés pour la première fois par les Anglais

1917

8 janvier : premières grèves en France
31 janvier : annonce par les Allemands de la guerre sous-marine totale
8 / 12 mars : première révolution russe
2 avril : entrée en guerre des Etats-Unis
16 avril : début de l'offensive du Chemin des Dames, première utilisation de chars d'assaut français
17 avril : premier acte collectif d'indiscipline dans l'armée française, précédant les mutineries de mai et juin
14 juin : création du Comité Général du Pétrole
22 août : allocution inaugurale de son président H. Bérenger
<u>16 novembre : gouvernement Clemenceau, premier à tenir plus d'un an depuis le début de la guerre</u>
12 décembre : rapport Bérenger alertant sur l'épuisement des stocks
15 décembre : envoi du télégramme de Clemenceau à Wilson
15 décembre : signature de l'armistice de Brest-Litovsk

1917 / 1918

Conférence interalliée du pétrole

1918

8 janvier : 14 points de Wilson
29 mars : création du Consortium pétrolier français

13 / 28 mai : grands mouvements de grèves dans les usines de guerre
27 mai : offensive allemande sur le Chemin des Dames
18 juillet : deuxième bataille de la Marne
21 août : création du Commissariat général aux Essences et aux Combustibles
11 novembre : l'Allemagne signe l'armistice

1919

5 août : loi sur les combustibles liquides, portant modification du régime douanier des produits pétrolifères en France
Loi sur le monopole d'achat et d'importation des huiles raffinées et des essences de pétrole
Fin de la perpétuité et de la gratuité des concessions
Les pétroles passent sous le régime de la loi minière

1920

20 janvier : Alexandre Millerand est nommé président du Conseil et ministre des affaires étrangères ; il succède à Clemenceau
Bérenger quitte le Commissariat général aux Essences et devient rapporteur au budget de la Marine au Sénat
23 septembre : Alexandre Millerand est élu président de la République ; remplacé par Leygues comme président du Conseil
Traité de San Remo : la France obtient les 25% de la Deutsche Bank dans le capital de la Turkish Petroleum Company

1921

16 janvier : gouvernement Briand
Suppression du Commissariat général aux Essences
Liquidation du consortium
Retour au régime de liberté (régime provisoire)

1922

15 janvier : gouvernement Poincaré

1923

Lettre de Poincaré à Mercier sur la mise en place de la CFP

1924

Création de la Compagnie Française des Pétroles (C. F. P.)
Obtention des 23,75 % de la TPC
13 juin : Gaston Doumergue élu président de la République, jusqu'en 1931.

1925

Obligation de constituer des réserves stratégiques
Création de l'Office national des combustibles liquides (ONCL)

1928

Loi du 30 mars : importations sous l'autorité de l'Etat

1929

Création de la Compagnie Française de Raffinage, filiale de la CFP

TABLE DES MATIÈRES

Sommaire 11

Introduction
Bérenger, père de la politique pétrolière en France... 13

Face à la crise, une politique pétrolière à inventer...... 14
Une ressource pas comme les autres 15

Première partie
L'intervention de l'État au soir de la Guerre............ 23

La réquisition pour réguler les besoins pendant la guerre 25
Les moyens d'intervention de l'Etat : la loi, l'argent et la diplomatie 25
L'hiver 1917 : au cœur de la crise.......................... 28
Les entreprises dignes de confiance ? L'affaire Muskogee 35
La traduction institutionnelle de l'intervention de l'Etat 40
La création du consortium et du Commissariat général aux Essences et Combustibles.................................. 41
Le jeu diplomatique et le partage des territoires 47
Le pétrole n'est plus une denrée comme les autres. 51
Une bataille de légitimité emportée par l'Etat 55

Deuxième partie
Les décideurs face à l'influence des lobbies du pétrole 59
Des groupes de pression constitués 61
Groupe de pression, ou groupe d'intérêt ? 62
L'entrée en scène des banques d'affaires 63
La Fédération des Industriels et des Commerçants Français, premier groupe de pression en France 69
La riposte des intérêts pétroliers 73
Les consortiums sous le feu des critiques 74
Les jeux d'influence contre les projets de loi de monopole 77
Le tiers acteur : les médias 84
Les groupes de pression au cœur du débat 98

Troisième partie
La naissance de la Compagnie Française des Pétroles 101
L'expérience du pétrole à l'étranger 104
Les Etats-Unis et la Standard : unis à l'extérieur, ennemis à l'intérieur 104
La Grande-Bretagne : un trust au côté d'une compagnie étatiste 108
L'Allemagne : empire naissant, brisé par la guerre 112
L'Espagne : la création d'un monopole d'Etat en dépit des menaces des trusts 113
Des expériences différentes et interdépendantes 113
Les débats d'hémicycles, de 1920 à 1924 114

Le retour au libre marché impossible.................... 115
Les quatre options possibles.................................. 120
Le défi d'Ernest Mercier 132
La création de la CFP : la voie française............... 134

Conclusion
Le plus petit dénominateur commun......................... 137

Sources et bibliographie 143

Annexes 147
Lexique.. 147
Repères chronologiques 150

Environnement, Écologie et Développement aux éditions L'Harmattan

Dernières parutions

TERRES RARES : ENJEU GÉOPOLITIQUE DU XXIe SIÈCLE
Chine, Etats-Unis, Europe, Japon, Groenland
Degeorges Damien - Préface de Per Stig Moller, ancien ministre danois des Affaires étrangères (2001-2010) ; postface de Palle Christiansen, ministre groenlandais de l'Éducation, de la Recherche et de la Coopération nordique
Groupe de métaux aux caractéristiques indispensables pour de nombreuses applications civiles et militaires, les terres rares se retrouvent dans les technologies vertes ainsi que dans les technologies au coeur de notre société (téléphones portables, écrans plats). Elles revêtent une dimension géopolitique majeure depuis que la Chine, qui contrôle 97% de la production mondiale, a réduit ses exportations. États-Unis, Europe et économies de l'Asie-Pacifique se tournent désormais vers un des principaux eldorados en la matière : le Groenland.
(Coll. Un autre regard / Paris School of Business, 10.50 euros, 78 p.)
ISBN : 978-2-336-00222-4, ISBN EBOOK : 978-2-296-50837-8

DES EXTRÊMES DANS LE MONDE, DE DHAKA À DOHA
Le Quément Joël
Cet essai interpelle sur des réalités économiques et sociales fortement inégales dans le monde, en particulier en Asie et dans le golfe Persique. Le XXIe siècle se caractérise par une forte croissance de la population dans certaines régions du monde et par des flux migratoires puissants. Que dire des tensions nées de ces déséquilibres ? Comment répondre à l'explosion des besoins en alimentation, énergies, infrastructures ? Y a-t-il des formes nouvelles de partage des richesses possibles ?
(14.00 euros, 126 p.) *ISBN : 978-2-336-00313-9, ISBN EBOOK : 978-2-296-50933-7*

DIMENSION (LA) SACRIFICIELLE DE LA GUERRE
Essai sur la martyrologie politique
Mashimango Abou-Bar Abelard - Préface de Pascal Hintermeyer
Voici une analyse polémologique fondée sur une approche multidisciplinaire et une culture de la sociologie politique dont les suggestions - comme la ritualisation de la guerre, la martyrologie, les mythes, la question de l'honneur et du prestige, et la dimension sacrificielle des stratégies - conduisent, à la fois, à l'examen exploratoire de la dynamique guerrière et à une réflexion approfondie des conflits armés contemporains.
(Coll. Questions contemporaines, 22.50 euros, 226 p.)
ISBN : 978-2-336-00363-4, ISBN EBOOK : 978-2-296-50824-8

DIMENSIONS OF WAR – Understanding War as a Complex Adaptive System
Solvit Samuel
With today mutable identities and various kinds of warfare, how do we further our understanding of war? Reviewing influential war theories from Machiavelli to the present, this book analyses how they reduce war in terms of time, space, interaction, purpose, aim, and/or evolution. Considering war as a complex adaptive system allows us to increase our overall comprehension of contemporary wars.
(Coll. Diplomacy and Strategy, 15.50 euros, 152 p.)
ISBN : 978-2-296-99721-9, ISBN EBOOK : 978-2-296-50839-2

UN MONDE DE FEU – Réchauffement environnemental et surchauffe sociale
Berger Corinne, Roques Jean-Luc
Les phénomènes de surchauffe environnementaux et sociaux observés de nos jours semblent difficilement maîtrisables. Le monde est plus que jamais en feu. N'existe-t-il pas un certain parallélisme entre réchauffement environnemental et embrasement social ? Pour se protéger, on assiste à un retour au foyer que l'on retrouve dans des dynamiques de ségrégations territoriales. Ces comportements n'attisent-ils pas le feu ? Existe-t-il des solutions ?
(Coll. Sociologies et Environnement, 20.00 euros, 202 p.)
ISBN : 978-2-336-00453-2, ISBN EBOOK : 978-2-296-50940-5

SOLIDARITÉS (LES) À L'ÉPREUVE DES CRISES
Sous la direction de Béatrice Muller, Jean-Claude Barbier, Maryse Bresson
Notre système de protection sociale n'a pas échappé aux réformes engagées en Europe dans le contexte de crise. Il est perçu à la fois comme un rempart à la crise et comme un obstacle à une reprise économique. Les auteurs tentent donc de comprendre comment ces différentes idées pénètrent les réalités des solidarités publiques et privées.
(Coll. Institut de la Ville et du Développement, 25.00 euros, 246 p.)
ISBN : 978-2-336-00322-1, ISBN EBOOK : 978-2-296-50987-0

ÉVALUATION (L') DES POLITIQUES PUBLIQUES
Défi d'une société en tension
Sous la direction de Gaëlle Baron et Nicolas Matyjasik
L'évaluation des politiques publiques constitue un instrument à disposition des pouvoirs publics pour engager les mutations nécessaires de leur action. Elle doit accompagner et si possible précéder ces évolutions. L'implication des citoyens et la diffusion grand public sont par exemple des réponses aux attentes de participation à la décision publique. L'évaluation doit aussi adapter ses méthodologies et identifier les priorités d'intervention.
(Coll. La Librairie des Humanités, 29.00 euros, 282 p.)
ISBN : 978-2-336-00445-7, ISBN EBOOK : 978-2-296-50864-4

ÉDUQUER À LA BIODIVERSITÉ POUR UN DÉVELOPPEMENT DURABLE – Réflexions et expérimentations
Matagne Patrick
Il était utile d'aborder d'une autre façon ce champ où biodiversité et développement s'entrecroisent dans une perspective pédagogique et

expérimentale. Ce livre croise les scènes de la nature avec les scènes de l'homme et de la société. Voici un manuel utile aux étudiants, enseignants, formateurs, chercheurs et éducateurs en environnement et développement durable.
(Coll. Biologie, écologie, agronomie, 13.00 euros, 112 p.)
ISBN : 978-2-296-99354-9, ISBN EBOOK : 978-2-296-50914-6

TERRE (LA), QUESTION VITALE AU XXIe SIÈCLE
Sous la direction de Belkacem Belmekki, Madhu Benoit, Michel Naumann, Joëlle Weeks
Comment l'Inde et l'Afrique ont-elles construit le rapport de l'homme à la terre ? C'est la quête d'une unité perdue et celle d'une possible reconquête de la terre que restitue cette étude. Elle se décline en trois mouvements : mythologies et religions offrent à la réflexion contemporaine un cadre intellectuel, spirituel et écologique. Le récit se clôture sur le thème d'une reconquête vitale qui allie spiritualité et développement durable, économie et écologie, richesse linguistique et patrimoniale.
(Coll. Discours identitaires dans la mondialisation, 23.00 euros, 230 p.)
ISBN : 978-2-336-00120-3, ISBN EBOOK : 978-2-296-50991-7

GENRE, CHANGEMENTS AGRAIRES ET ALIMENTATION
Sous la direction de Christine Verschuur
Cet ouvrage propose de donner matière à réfléchir sur les processus d'appauvrissement des paysannes et paysans. Près d'un milliard de personnes ont faim dans le monde et paradoxalement 70 % d'entre elles font partie de familles paysannes. Les ressources naturelles et techniques sont pourtant suffisantes pour assurer une alimentation correcte de l'humanité. Cet éclairage nouveau prétend contribuer à expliquer les inégalités d'accès à l'alimentation dans le développement rural.
(Coll. Cahier du genre et développement, 47.00 euros, 480 p.)
ISBN : 978-2-296-99303-7, ISBN EBOOK : 978-2-296-50608-4

ÉCOLOGIE ET ÉVOLUTION DU MONDE VIVANT (Volume 1)
Le vie est une transmission d'information
Godron Michel
Comment résoudre les problèmes écologiques mondiaux qui se posent aujourd'hui ? Quels changements de nos mentalités et quelles innovations techniques seront nécessaires ? Ce volume répond à la question «Qu'est-ce que la vie ?» Depuis qu'elle est apparue sur terre, l'évolution des êtres vivants a suivi un «modèle» écologique et cybernétique très général, qui a conduit à la biodiversité actuelle, qui dépend elle-même des climats et des sols.
(Coll. Biologie, écologie, agronomie, 54.50 euros, 612 p.)
ISBN : 978-2-296-55870-0

ÉCOLOGIE ET ÉVOLUTION DU MONDE VIVANT (Volume 2)
L'échelle crée le phénomène
Godron Michel
Comment résoudre les problèmes écologiques mondiaux qui se posent aujourd'hui ? Quels changements de nos mentalités et quelles innovations

techniques seront nécessaires ? Ce volume présente l'étude statistique de la répartition écologique des plantes et des animaux à l'échelle biogéographique des continents et des étages de végétation ainsi qu'à l'échelle des communautés végétales et animales et des paysages.
(Coll. Biologie, écologie, agronomie, 38.00 euros, 388 p.)
ISBN : 978-2-296-55871-7

ÉCOLOGIE ET ÉVOLUTION DU MONDE VIVANT (Volume 3)
Les problèmes écologiques actuels
Godron Michel
Comment résoudre les problèmes écologiques mondiaux ? Quels changements de nos mentalités et quelles innovations techniques seront nécessaires ? Ce volume retrace l'arrivée discrète de l'Homme dans la biosphère, amorcée depuis deux millions d'années, et son emprise écologique du Paléolithique à nos jours. Il se termine par l'analyse des problèmes écologiques actuels, qui sont surtout le fruit délétère de notre société de surconsommation.
(Coll. Biologie, écologie, agronomie, 61.00 euros, 750 p.)
ISBN : 978-2-296-55872-4

ÉCONOMIE DE L'ENVIRONNEMENT
Outils de gestion économique de la biodiversité
Ngo Nonga Fidoline
Préface de Jacques Fame Ndongo - Avant-propos de Claude Njomgang
L'érosion de la biodiversité est effrayante. La dégradation des forêts tropicales s'accélère jour après jour, entraînant la disparition de nombreux actifs naturels. D'autres écosystèmes, fortement riches en biodiversité, subissent le même sort, ce qui met en péril les bases de la vie sur terre. Cette forte dégradation de la biodiversité appelle tous les humains à adopter des comportements conservateurs. Ce livre décrypte les principales problématiques de l'économie de l'environnement.
(Coll. Harmattan Cameroun, 31.00 euros, 306 p.) *ISBN : 978-2-296-99058-6*

POUR UNE SOCIO-ANTHROPOLOGIE DE L'ENVIRONNEMENT
Par-delà le local et le global (Tome 1)
Sous la direction de Sophie Poirot-Delpech et Laurence Raineau
Il s'agit de questionner une formule souvent associée aux questions écologiques : «penser global, agir local». Les contributions de ce volume abordent les problèmes soulevés par les conflits d'échelle de perception et de définition des questions environnementales. Elles donnent à voir des objets aussi variés que l'énergie, les déchets, les légumes «bio», la ville, l'eau ou les invasions biologiques.
(24.00 euros, 240 p.) *ISBN : 978-2-296-96758-8*

L'HARMATTAN, ITALIA
Via Degli Artisti 15; 10124 Torino

L'HARMATTAN HONGRIE
Könyvesbolt ; Kossuth L. u. 14-16
1053 Budapest

ESPACE L'HARMATTAN KINSHASA
Faculté des Sciences sociales,
politiques et administratives
BP243, KIN XI
Université de Kinshasa

L'HARMATTAN CONGO
67, av. E. P. Lumumba
Bât. – Congo Pharmacie (Bib. Nat.)
BP2874 Brazzaville
harmattan.congo@yahoo.fr

L'HARMATTAN GUINÉE
Almamya Rue KA 028, en face du restaurant Le Cèdre
OKB agency BP 3470 Conakry
(00224) 60 20 85 08
harmattanguinee@yahoo.fr

L'HARMATTAN CAMEROUN
BP 11486
Face à la SNI, immeuble Don Bosco
Yaoundé
(00237) 99 76 61 66
harmattancam@yahoo.fr

L'HARMATTAN CÔTE D'IVOIRE
Résidence Karl / cité des arts
Abidjan-Cocody 03 BP 1588 Abidjan 03
(00225) 05 77 87 31
etien_nda@yahoo.fr

L'HARMATTAN MAURITANIE
Espace El Kettab du livre francophone
N° 472 avenue du Palais des Congrès
BP 316 Nouakchott
(00222) 63 25 980

L'HARMATTAN SÉNÉGAL
« Villa Rose », rue de Diourbel X G, Point E
BP 45034 Dakar FANN
(00221) 33 825 98 58 / 77 242 25 08
senharmattan@gmail.com

L'HARMATTAN TOGO
1771, Bd du 13 janvier
BP 414 Lomé
Tél : 00 228 2201792
gerry@taama.net

Achevé d'imprimer par Corlet Numérique - 14110 Condé-sur-Noireau
N° d'Imprimeur : 97174 - Dépôt légal : avril 2013 - *Imprimé en France*

www.ingramcontent.com/pod-product-compliance
Lightning Source LLC
LaVergne TN
LVHW021221061026
849535LV00008B/2857
* 9 7 8 2 3 3 6 2 9 1 9 5 6 *